Serons-nous radicaux ou conciliants?

Histoire du Syndicat des chargées et chargés de cours de l'UQO

Nicolas Harvey

ISBN : 978-1-7198-0074-7

TABLE DES MATIÈRES

REMERCIEMENTS

Cet ouvrage aurait été impossible sans la collaboration des actrices et acteurs du Syndicat des chargées et chargés de cours de l'Université du Québec en Outaouais (SCCC-UQO) qui ont donné leur temps pour répondre à mes nombreuses questions. Dans l'ordre chronologique, Marc Sarazin, Michel Hébert, Marie-Josée Bourget, Serge Julien, Gérard Gratton, Richard Perron, Denis Marcoux, Johannes Martin Godbout, Gisèle Lafrenière, Renaud Paquet, Marc Aubé, Gilles Pelletier et Luce Gilbert ont fait don de leur précieux temps.

Mes remerciements vont également à Michel Hébert et Ghyslaine Lévesque qui ont partagé leurs archives personnelles. Celles-ci sont désormais accessibles au grand public sur le site Internet du SCCC-UQO. De plus, je tiens à remercier Réal Godbout d'avoir accepté que j'utilise son dessin en couverture.

Je suis enfin reconnaissant du travail de relecture fait par Marie-Josée Bourget, Luce Gilbert et Michel Hébert. Cependant, l'ensemble de l'ouvrage n'engage que moi.

Nicolas Harvey

INTRODUCTION

Le 21 mai 1993, le Syndicat des chargées et chargés de cours de l'Université du Québec à Hull (SCCC-UQAH) obtient son accréditation. L'aventure a commencé en août 1992 avec quatre chargés de cours qui ont voulu changer les choses. À l'époque, la rémunération différait selon le département ainsi que le talent de négociation de chaque employée ou employé. De plus, l'attribution des cours se faisait de manière totalement arbitraire, sans aucune sécurité d'emploi. Sans Internet ni liste d'employés, la campagne de syndicalisation n'a pas été chose facile.

Ces 25 années ont été marquées par des victoires syndicales, des avancées importantes des conditions de travail, une diminution des décisions arbitraires de l'Université, une intégration (partielle) des personnes chargées de cours dans la cogestion de l'Université. Ces 25 années ont aussi été marquées, comme dans tout syndicat, par des clivages internes relevant de conflits de principes comme de conflits de personnalités.

Après 25 ans de vie syndicale, il était temps d'immortaliser la mémoire du Syndicat. Les personnes qui ont marqué l'histoire du Syndicat étaient presque toutes disponibles pour raconter leur histoire. Pourquoi écrire l'histoire d'un syndicat? D'abord, il faut rendre hommage aux artisanes et artisans du SCCC-UQO, qui ont lutté pour que cesse l'arbitraire et pour améliorer les conditions de travail. Une connaissance de l'histoire est par ailleurs susceptible d'accroître l'identité collective, pilier de la participation. Un syndicat étant une institution démocratique, sa vigueur et sa force sont en grande partie déterminées par la participation de ses membres.

Pourtant, la précarité n'est généralement pas un terreau fertile pour la syndicalisation. Les syndicats de personnes chargées de cours constituent une exception dans le monde québécois du travail. Cette précarité fait partie de l'identité de cette catégorie de travailleuses et travailleurs. D'ailleurs, mettre fin à la précarité n'a jamais été une demande syndicale. Les luttes ont davantage été menées pour améliorer les conditions de travail ainsi que pour conventionner l'attribution des cours, sans créer un statut à temps plein et permanent tel qu'on peut le voir dans d'autres catégories d'emploi à l'université.

Le titre de l'ouvrage *Serons-nous radicaux ou conciliants?* était aussi le titre de l'article à la une du journal *Le Papier* d'avril 2003. Peu de temps après, le SCCC-UQO déclenchait la seule grève de son histoire. Ce moment a évidemment marqué la mémoire du Syndicat. Être radicaux ou conciliants, c'est aussi une posture, un choix de syndicalisme fait par les membres. Cette dichotomie a aussi mené (en partie) à la plus grande crise qu'a connue le SCCC-UQO et qui a culminé par la démission de la présidente en 2013.

L'UQO, une jeune université mal aimée

L'Université du Québec à Hull a été fondée en 1981 et constitue l'avant-dernière composante du Réseau de l'Université du Québec. Le projet de création d'une université en Outaouais existait depuis les années 1970, mais avait été qualifié de « pure utopie » par le député et ministre Oswald Parent[1]. En effet, la région ne manquait pas d'universités : Carleton, Ottawa et Saint-Paul, les deux dernières offrant des programmes en français. Depuis longtemps, la population de l'agglomération de Hull avait pris l'habitude de traverser la frontière pour travailler, pour étudier et pour se faire soigner. Bref, il n'allait pas de soi qu'une université était pertinente sur la rive québécoise de la rivière des Outaouais.

---

[1] HÉMOND, Élaine, « Université du Québec à Hull : du rêve, du travail et une université », *Réseau*, février 1995, p. 10-15.

D'ailleurs, l'UQAH et l'Université du Québec à Montréal (UQAM) ont en commun d'être les deux seules universités du réseau de l'Université du Québec à s'être implantées dans un milieu où il existait déjà des universités. L'implantation des autres universités du réseau allait être facilitée par la constitution d'un monopole régional (Trois-Rivières, Rimouski, Chicoutimi et Abitibi-Témiscamingue). Face à la grande Université d'Ottawa, l'UQAH pouvait offrir des cours moins chers, en français, avec des groupes de taille réduite et avec des horaires plus flexibles. Bref, c'est une clientèle sensiblement différente qu'allait chercher la nouvelle université.

Selon Yao Assogba, professeur émérite de l'UQO, l'Université souffre de sous-financement chronique face aux autres composantes du Réseau en régions [2]. Ce sous-financement explique en partie le nombre réduit de programmes offerts. Il explique par ailleurs la proportion élevée de cours offerts par des personnes chargées de cours, pouvant atteindre 70 % des cours de premier cycle en 2018, ce qui amène des économies. La situation offre aux personnes chargées de cours la possibilité d'établir un rapport de force important. Ainsi, en cas de conflit de travail, elles sont en mesure de paralyser l'institution.

En somme, pour plusieurs, l'UQO est sous-financée par l'État québécois. Elle a pu l'être aussi par le gouvernement fédéral. En 2017, l'UQO est la seule université de la région à ne pas avoir bénéficié de l'aide fédérale en infrastructures. Le projet de rapatrier les activités dans le pavillon Alexandre-Taché n'a pas bénéficié de l'aide fédérale. Il faudra attendre le budget 2018 du gouvernement Couillard avant qu'une annonce soit faite pour rapatrier les activités du pavillon Lucien-Brault à celui d'Alexandre-Taché.

C'est plutôt dans les Laurentides que l'UQO allait connaître une croissance considérable. Après avoir partagé les locaux avec le Cégep de Saint-Jérôme, l'UQO a inauguré son campus en 2010. L'augmentation de la fréquentation étudiante est fulgurante. Si elle n'était pas limitée par le manque d'espace, de nouveaux programmes pourraient s'y développer. Aujourd'hui, c'est environ le tiers de la population étudiante qui gravite autour du campus de

---

[2] ASSOGBA, Yao, « Traitement inéquitable envers l'UQ en Outaouais », Montréal, *Le Devoir*, 10 février 2018.

Saint-Jérôme. Cette nouvelle perspective a aussi bouleversé les activités syndicales, où il a fallu intégrer de nouveaux membres malgré la distance.

Les fusions municipales avaient entraîné la disparition de la municipalité de Hull. À l'époque, l'ancienne municipalité de Gatineau était plus peuplée que la ville centre, Hull. Par ailleurs, Impératif français militait activement pour la francisation du nom des municipalités dans ce contexte de fusions municipales. C'est dans ce contexte que la nouvelle ville allait s'appeler Gatineau. L'Université allait plutôt choisir de s'identifier à sa région en adoptant le nom Université du Québec en Outaouais (UQO). Le SCCC-UQAH allait prendre acte de la situation pour faire une requête au ministère du Travail en changement de nom en 2002.

Une histoire extraordinaire?

L'histoire du SCCC-UQO ne diffère pas beaucoup de l'histoire des autres syndicats de personnes chargées de cours. Le chargé de cours est l'un des rares corps de métier précaires, au Québec, à être entièrement syndiqué depuis que les personnes chargées de cours de l'Université McGill se sont syndicalement unies en 2011. Ces syndicats rassemblent un nombre considérable de travailleuses et travailleurs qui ont une masse salariale plutôt faible. À l'UQO, la majorité des employées et employés sont des personnes chargées de cours.

Les défis qu'a relevés le SCCC-UQO sont somme toute les mêmes qu'ailleurs : difficultés de mobilisation, relations parfois tendues avec les profs, manque de reconnaissance, tensions internes, etc. Alors, pourquoi rédiger un ouvrage sur le SCCC-UQO si celle-ci n'est pas extraordinaire? D'une part, elle est le reflet de l'histoire d'une profession atypique, celle d'intellectuels précaires. Cette histoire peut rejoindre celle de plus de 10 000 personnes qui exercent ce métier actuellement. En somme, les militantes et militants syndicalistes des autres universités se reconnaîtront fort probablement dans l'histoire du SCCC-UQO.

Les personnes chargées de cours de l'UQO ont toutefois certaines caractéristiques qui les distinguent des autres. La principale distinction est la proportion importante de personnes en double emploi, c'est-à-dire de personnes qui exercent une profession à temps plein en plus de donner des charges de cours. On évalue à plus de 80 % la proportion des personnes chargées de cours qui sont soit en double emploi, soit qui touchent une rente conséquente. Le résultat est que la majorité des membres du SCCC-UQO ne sont précaires que dans un travail subsidiaire. Ils ne dépendent pas de leurs charges de cours. Pour plusieurs, les revenus annuels sont supérieurs à ceux du corps professoral. Cette caractéristique a eu des conséquences sur la mobilisation ainsi que sur les trois votes de grève que le Syndicat a connus.

De plus, le rapport de force à l'intérieur du SCCC-UQO a traditionnellement tourné à la faveur des personnes en double emploi. Dans les autres universités, la tendance a été de privilégier les personnes en simple emploi pendant l'attribution des cours. Ainsi, l'objectif était de faire diminuer la précarité des plus précaires. Une telle mesure n'a jamais pu être mise en place, car les personnes en double emploi étaient majoritaires autant chez les membres que dans les instances.

Au-delà de la spécificité du statut d'emploi, une certaine culture syndicale existe, et les officiers syndicaux doivent en tenir compte dans leurs actions. Un exemple marquant est le mandat de grève. Souvent, on vote d'abord pour une banque de quelques journées de grève avant de voter pour la grève générale illimitée. Ainsi, ce vote peut faire moins peur aux plus réfractaires et permet une intensification des moyens de pression. Cependant, cette stratégie a un côté pervers : il faut retourner en Assemblée générale pour poursuivre la grève, sans garantie d'un vote favorable. Comme les relations de travail sont établies par un rapport de force, il est ainsi préférable, pour un syndicat, d'obtenir un mandat de grève générale illimitée et, si possible, avec un fort pourcentage d'appui.

Or, en 2001 et en 2003, les membres du Syndicat ont voté dès le départ en faveur de moyens de pression allant jusqu'à la grève générale illimitée. À chaque reprise, les membres ont voté à plus de 90 % pour le « moyen de pression ultime ». En 2017, quand est venu le temps de voter pour la grève, une proposition était faite de voter pour une banque de cinq jours de grève. Cependant, en se remémorant l'histoire du Syndicat, il avait été jugé incohérent de voter pour une banque de jours tandis que la tradition était au vote sur la grève générale illimitée. Les membres du SCCC-UQO ont donné raison à la tradition et ont voté, le 27 novembre 2017, pour la grève générale illimitée dans une proportion de 93 %.

Contexte d'écriture

Cet ouvrage a été rédigé en 2018. Le début de l'année a été marqué par la fin de la négociation menant à la septième Convention collective. Cette négociation a été difficile. L'UQO avait mis sur la table des demandes qui avaient comme but de diviser les membres du syndicat : diminution radicale du nombre de libérations syndicales, création d'une préférence régionale dans l'octroi des cours, déclaration d'un statut d'emploi à temps plein, etc.

N'entrant pas dans cette tentative de division, les membres ont plutôt donné confiance au Comité exécutif en accordant un mandat de grève à 93 % le 27 novembre 2017. Après une demande de conciliation de l'UQO, les parties en sont venues à une entente de principe ratifiée par 94 % des membres du Syndicat. Nous ne pouvons que conclure d'une très grande confiance entre la base du syndicat et ses comités exécutifs et de négociation.

Comme dans toutes organisations, il peut exister des désaccords. Dans les instances, certains gagnent leurs élections, et d'autres les perdent. Toutefois, nous pouvons souligner qu'en 2018, il existe une faible polarisation des membres du syndicat. Par exemple, il n'existe aucun clan et il n'y a aucun clivage structurant qui pourrait diviser les membres. Cela ne signifie pas qu'il n'existe jamais de tensions. Toutefois, le contexte a permis de recueillir des témoignages de nombreuses personnes et de relater, à tête reposée, une histoire qui a jadis été plus mouvementée.

Les propos tenus dans cet ouvrage n'engagent que l'auteur. Ils ne sont en rien une opinion officielle du Syndicat ou du Comité exécutif. L'auteur est vice-président aux communications du SCCC-UQO depuis le 1er janvier 2017. Son arrivée a coïncidé avec le commencement de la négociation pour une septième Convention collective. L'auteur est donc arrivé en poste dans un contexte de relations tendues avec l'Employeur, mais avec une certaine paix sociale à l'intérieur du Syndicat.

Les fortes tensions qui ont précédé la crise de 2013 étaient déjà chose du passé, bien qu'elles restaient présentes dans l'imaginaire collectif. L'auteur n'a jamais eu à se positionner sur les conflits du passé. Une certaine distance a ainsi pu être prise, et des personnes appartenant aux différents clans ont pu être interviewées.

Une partie de la vie syndicale relève de la routine. Défendre des griefs ou élire des officiers syndicaux ne marquent généralement pas *l'histoire* d'un syndicat, bien que ces événements soient d'une très grande importance pour les personnes impliquées. Ce qui marque l'histoire, ce sont généralement les événements exceptionnels qui mobiliseront beaucoup, y compris les générations à venir. Au SCCC-UQO, la fondation du Syndicat reste un élément central. De plus, trois votes de grève générale illimitée en font partie tout comme l'unique fois où la grève a été exercée en 2004. La crise majeure qu'a connue le Syndicat et qui a culminé en 2013 est un autre moment qui a marqué la vie syndicale. Tous ces événements majeurs seront traités abondamment dans cet ouvrage sans oublier les autres.

Méthodologie

Bien que l'auteur soit docteur en science politique, cet ouvrage ne se prétend aucunement scientifique. Il constitue avant tout un récit basé sur le témoignage d'actrices et d'acteurs du Syndicat ainsi que sur des archives. L'échantillonnage *boule de neige* a été utilisé afin de sélectionner les personnes à interroger. Cette méthode a l'avantage de mieux comprendre les réseaux de socialisation et facilite la recherche de personnes qui ne sont plus liées au syndicat. Par ailleurs, la référence facilite l'acceptation d'accorder une entrevue. Ainsi, des personnes clefs appartenant à toutes les époques du Syndicat ont été interviewées.

- Marc Sarazin, membre fondateur et premier vice-président à la Convention collective (28 mars 2018)

- Michel Hébert, membre fondateur et premier président (17 avril 2018)

- Marie-Josée Bourget, présidente de 1999 à 2005 et à partir de 2013 (18 avril 2018)

- Serge Julien, premier conseiller Fédération nationale des enseignantes et enseignants du Québec (FNEEQ) en 1993 (16 mai 2018)

- Gérard Gratton, membre du Comité exécutif du SCCC-UQO de 2001 à 2015 (4 juin 2018)

- Richard Perron, deuxième président du SCCC-UQAH (6 juin 2018)

- Denis Marcoux, membre fondateur (8 juin 2018)

- Johannes Martin-Godbout, membre fondatrice (11 juin 2018)

- Gisèle Lafrenière, secrétaire générale du SCCC-UQO pendant douze ans (21 juin 2018)

- Renaud Paquet, membre fondateur (26 juin 2018)

- Marc Aubé, président de 2005 à 2008 (29 juin 2018)

- Gilles Pelletier, trésorier de 1995 à 1999 (29 juin 2018)

- Luce Gilbert, vice-présidente à la convention collective à partir de 2012 et présidente intérimaire en 2013 (29 juin 2018)

Les entrevues se sont poursuivies jusqu'au seuil de saturation, c'est-à-dire le moment où les dernières entrevues n'apportaient plus d'éléments nouveaux et où aucune contradiction entre les différents entretiens n'avait été surmontée. De toutes les personnes sollicitées, une seule a refusé d'accorder un entretien. C'est peu, mais, en sciences sociales, les non-réponses sont tout aussi importantes que les réponses, d'autant plus que cette personne a tenu un rôle clef dans différentes périodes historiques. Heureusement, cette personne avait publié plusieurs textes dans le journal *Le Papier*, organe officiel du SCCC-UQAH, puis du SCCC-UQO, ce qui a facilité la prise en compte de sa perspective.

La division de l'ouvrage aurait pu être faite de manière chronologique en ayant comme balises les différentes présidences qui se sont succédé et qui ont laissé leur marque :

- Michel Hébert (1993-1994)

- Richard Perron (1994-1999)

- Marie-Josée Bourget (1999-2005)

- Marc Aubé (2005-2008)

- Louis-Charles Sirois (2008-2013)

- Caroline Cyr (2013)

- Luce Gilbert (intérim, 2013)

- Marie-Josée Bourget (depuis 2013)

Toutefois, il a plutôt été décidé d'y aller de manière thématique afin d'y faire ressortir les différents enjeux. Le premier chapitre sera consacré à la situation qui prévalait avant l'arrivée du Syndicat ainsi qu'à la campagne de syndicalisation. La deuxième partie aura une dimension plus chronologique et abordera les différentes périodes historiques. Le troisième chapitre sera consacré aux différentes dimensions de la vie syndicale. Moments forts de la vie syndicale, les mandats de grèves seront traités dans le chapitre 4. Enfin, le chapitre 5 fera état de l'intégration des personnes chargées.

Nicolas Harvey

CHAPITRE 1 : SYNDIQUER DES PERSONNES CHARGÉES DE COURS

Le Syndicat des chargées et chargés de cours de l'UQAM (SCCUQ) est le plus ancien syndicat de précaires au Québec. Une première requête en accréditation est rejetée le 13 juin 1977 par le commissaire-enquêteur Charles Devlin. Selon lui, les personnes chargées de cours devaient faire partie de l'accréditation syndicale des professeurs, malgré que ces derniers avaient explicitement exclu les chargées et chargés de cours de leur accréditation. La décision allait être portée en appel, et le juge René Beaudry allait infirmer la décision le 9 février 1978[3].

Les chargées de cours et chargés de cours de l'UQAM allaient ainsi paver la voie des autres composantes du réseau, notamment à Chicoutimi et à Rimouski. Ainsi, la voie était déjà tracée dans d'autres universités. Il était déjà statué que les personnes chargées de cours et les personnes professeures allaient mener une lutte syndicale parallèle, parfois même en opposition. Tel n'est pas le cas partout. Dans les cégeps, les deux types d'emplois sont soumis à la même accréditation syndicale. Cette situation existe aussi dans certaines universités canadiennes.

De plus, les luttes menées dans d'autres universités avaient contribué à une amélioration généralisée des conditions de travail. Notons la Grève des

---

[3] SCCUQ, « Contribution à l'histoire du Syndicat des chargées et chargés de cours de l'UQAM », Montréal, 2007.

cœurs en 1987 qui avait mené à une loi spéciale et qui avait bouleversé les relations de travail à l'UQAM. Ces acquis, notamment des points de vue salarial et des règles d'attribution des cours, constituent des arguments forts pour syndiquer les enseignantes et enseignants précaires de l'Université du Québec à Hull.

1.1 Des personnes chargées de cours mal intégrées

Le début des années 1990 correspond à une croissance importante des cours offerts aux personnes chargées de cours dans toutes les universités. Ces personnes avaient un statut ambigu, et le recrutement se faisait de manière discrétionnaire. Souvent, des liens d'amitié et d'inimitié guidaient l'attribution des cours. Ces enseignantes et enseignants contractuels n'étaient jamais certains de voir leurs charges de cours renouveler.

Comme c'est encore le cas aujourd'hui, une nouvelle chargée ou un nouveau chargé de cours n'a pas de formation avant de commencer. Michel Hébert, premier président du SCCC-UQO, se souvient de son premier cours où il devait faire face à 69 étudiantes et étudiants sans aucune expérience d'enseignement.

Les relations avec le corps professoral étaient parfois déficientes. Les professeures et professeurs-référents, c'est-à-dire les personnes responsables d'un cours, avaient un pouvoir énorme quant à la sélection des personnes chargées de cours, à la validation des plans de cours et des examens ainsi que du renouvellement des contrats. Les relations avec la direction des départements n'étaient pas encadrées par une convention collective. Certaines personnes chargées de cours, soumises à une extrême précarité, n'osaient pas parler de peur de perdre leur travail. « Tout le monde avait peur de se faire *flusher* un jour ou l'autre dépendamment de l'humeur d'un prof [4] ». Ainsi, nous pouvons qualifier de féodales les relations de travail de l'époque. La hiérarchie était immense entre une personne professeure et une personne chargée de cours.

---

[4] Entretien avec Michel Hébert.

1.2 Constater l'injustice

L'injustice était perçue par plusieurs à l'époque. Toutefois, la dénonciation de l'injustice était risquée, car il n'y avait aucune sécurité d'emploi. S'opposer au professeur-référent ou au directeur de département était synonyme de démission. Ainsi, la période qui a précédé la syndicalisation a été vue par plusieurs comme étant injuste. Richard Perron, deuxième président du SCCC-UQAH, utilisait la métaphore médiévale pour décrire la situation.

> *C'était tellement plus simple quand les livreurs de cours se contentaient d'être des palefreniers au service des vaillants chevaliers, prenant soin des montures (étudiants?) pendant que les preux vaquaient à des tâches plus nobles comme la recherche et les services (rémunérés?) à la collectivité. (...) Et puis, laissons les dinosaures s'éteindre en croyant protéger leurs acquis, pour ne pas dire leur chasse gardée[5].*

Avant l'arrivée du Syndicat, peu de règles existaient dans l'attribution des cours. Les salaires pouvaient osciller entre 2000 $ et 6000 $ la charge de cours. De plus, il existait différents statuts d'emploi : salariés, travailleurs autonomes ou travailleurs « incorporés ». Ces deux derniers statuts pouvaient être avantageux pour les personnes qui avaient des revenus importants et voulaient économiser de l'impôt. Il y avait aussi une iniquité entre départements. Relations industrielles était un département où la charge de cours était relativement bien rémunérée tandis qu'Éducation en était un beaucoup moins bien payé. En effet, chaque département recevait une enveloppe globale et pouvait répartir les salaires de manière discrétionnaire. Une tendance était à la baisse des salaires afin de soit engager plus de personnes chargées de cours dans le but de réduire la taille des groupes, soit garder un montant important pour engager des « vedettes chargées de cours ».

Tous n'avaient pas connaissance de cette inégalité de traitement. Hors syndicat, les personnes chargées de cours étaient pour la plupart isolées les unes des autres. De plus, au Québec, le salaire reste quelque chose de tabou, et peu de gens en parlaient ouvertement. Il faudra attendre la campagne de

---

[5] PERRON, Richard, « Éditorial », *Le Papier*, avril 1997.

syndicalisation afin que cette question soit abordée publiquement et que tous puissent se comparer. Pendant la campagne de signature de cartes, l'entretien téléphonique commençait par les inégalités salariales où les gens pouvaient se comparer aux différents seuils de rémunération.

Ainsi, les contrats de travail se faisaient de gré à gré. Évidemment, la notoriété et la qualité d'une personne chargées de cours ne déterminaient pas à elles seules son traitement. Sa qualité de négocier son salaire, sa relation avec la direction du département, voire son âge et son genre, pouvaient être des critères pour établir sa rémunération. Selon Denis Marcoux, membre fondateur du SCCC-UQAH, le Département de relations industrielles tentait d'économiser sur le salaire de la majorité des personnes chargées de cours afin de pouvoir attirer de gros noms avec une rémunération plus avantageuse. Au-delà de la disparité de salaire au sein même de l'UQAH, la rémunération moyenne était d'environ un tiers inférieur à la moyenne des universités où les personnes chargées de cours étaient syndiquées.

À la suite de l'adoption de la première Convention collective, toutes les charges étaient rémunérées 4 359 $ en 1996 et étaient payables en salaire. Bien que la majorité des personnes chargées de cours avaient vu ses conditions salariales améliorer, les personnes les mieux payées par l'entremise de compagnies ont pu voir leurs revenus diminués. Cependant, ces dernières étaient fortement minoritaires et n'ont pas pu empêcher la syndicalisation.

De plus, aucune règle n'encadrait l'attribution des cours. Une personne, qui avait le statut d'entreprise, pouvait donner cinq charges de cours dans le même trimestre, tandis que d'autres n'en obtenaient qu'une. Il n'y avait pas de listes de rappel systématique, et le lien d'emploi n'était pas garanti.

Parfois, c'est un manque de respect de la part des professeurs qui a poussé des chargés de cours vers le syndicalisme. Michel Hébert se souvient d'avoir dénoncé un système de plagiat à son directeur de département la première année où il enseignait. Des examens étaient alors détournés pendant leur reproduction. Son directeur l'aurait « traité comme de la merde ».

> *Ça n'a rien fait. Ce jour-là, je me suis dit : « tu vas voir, la prochaine fois que je vais venir te parler, tu vas m'écouter ». C'est à partir de ce moment que je me suis dit que ça prenait un syndicat[6].*

D'autres injustices pouvaient être observées. Il n'existait aucune sécurité d'emploi à l'époque. Les directions de département octroyaient les charges de cours à leur discrétion. Pendant cette période, certains considéraient que la qualification était moins importante que les liens d'amitié ou les réseaux afin d'obtenir ces charges. Marc Sarazin se souvient qu'une charge de cours en organisation communautaire, c'est-à-dire sa spécialité, avait été donnée à quelqu'un de Sorel plutôt qu'à lui.

> *À ce moment-là, ça a commencé à mijoter dans ma tête. Ce n'était pas juste. Parallèlement, j'ai rencontré un chargé de cours qui faisait son doctorat. Il m'a dit : « tu devrais rencontrer Michel Hébert. Il serait intéressé à partir un syndicat ». Donc, j'appelle Michel Hébert, et on se donne un rendez-vous pour dîner Aux quatre jeudis[7].*

Un troisième enjeu majeur relevait de la propension de certains professeurs de s'accaparer un nombre important de cours en appoint. En effet, le corps professoral compte trois tâches de travail rémunérées : l'enseignement, la recherche et les services à la collectivité. Si l'enseignement est facile à mesurer objectivement, les deux autres tâches ne le sont pas. Il pouvait être constaté que certains faisaient peu de recherches et de services à la collectivité. Ils comblaient leur temps par des cours supplémentaires qui étaient payés à la pièce. Cela posait d'abord un problème d'équité entre professeurs, car ceux qui ne faisaient qu'enseigner étaient mieux rémunérés que ceux qui avaient une vie scientifique dense. Du point de vue des personnes chargées de cours, ces profs « volaient » des charges qui leur auraient appartenu.

> *En effet, en 1994, des professeurs réguliers pouvaient donner jusqu'à 13 cours en appoint par année pour un professeur en éducation (en plus de la charge prétendument épuisante de 4 cours par année), ou encore de 9 cours en appoint*

---

[6] Entretien avec Michel Hébert.

[7] Entretien avec Marc Sarazin.

> *pour le président du Syndicat des professeurs, ou de 4 cours en appoint pour l'actuel vice-recteur de l'UQAH[8].*

C'est ainsi que Marc Sarazin a été mis en contact avec Michel Hébert qui avait déjà entrepris des démarches de syndicalisation. Lors d'une première rencontre, il avait appris que les personnes chargées de cours en relations industrielles avaient un salaire bien plus élevé qu'en travail social.

1.3 Lutter pour la syndicalisation

C'est le 21 mai 1993 que l'accréditation syndicale a été obtenue. Cependant, cette syndicalisation a été complexe à mener. Comment faire signer des cartes de membres à environ 400 travailleuses et travailleurs à forfait qui, pour la plupart, ne se déplacent à l'UQAH que pour offrir leur prestation? De surcroît, une partie importante des personnes chargées de cours habitaient à l'extérieur de l'Outaouais.

C'est avec une très grande détermination qu'un petit groupe de jeunes chargés de cours s'est lancé dans l'aventure. Nous pouvons présenter ceux qui sont considérés comme les membres fondateurs du syndicat.

Marc Sarazin était à l'époque un organisateur communautaire de 32 ans. Il était aussi étudiant à la maîtrise en travail social à l'Université Laval. Il deviendra par la suite le tout premier vice-président à la Convention collective du SCCC-UQAH et allait faire partie de plusieurs comités de négociation. Son implication au Syndicat sera constante jusqu'à sa retraite en janvier 2018. Son engagement a dépassé son implication au SCCC-UQO. Il a notamment été président de son syndicat au CLSC et a été candidat pour Québec Solidaire dans la circonscription de Papineau en 2014.

Michel Hébert était employé du ministère du Travail du Canada. Il détenait une maîtrise en relations industrielles à l'Université de Montréal. Il a été le premier président du Syndicat. L'année suivante, il a décidé de ne pas se représenter, car il considérait que sa présence nuisait à la négociation. Il est resté au Comité exécutif jusqu'en 1999 et a continué par la suite à faire

---

[8] LENGELLÉ, Jean G., « Intolérance et hypocrisie », Ottawa, *Le Droit*, 7 décembre 2000.

partie du Conseil syndical. En 2018, il était toujours un membre actif du SCCC-UQO et avait fait partie du Comité de mobilisation de la septième Convention collective en 2017-2018. Il a pris ensuite sa retraite en mai 2018. Selon Johanne Martin Godbout, « Michel était la cheville ouvrière de la syndicalisation. On lui doit le syndicat à vrai dire. Il travaillait comme un moine[9] ». Il a aussi joué un rôle majeur dans la création du journal *Le Papier*.

Renaud Paquet a été socialisé tôt au syndicalisme. Son père avait été président d'un syndicat de mineurs de l'amiante pour la CSN et avait participé à plusieurs mouvements de grève :

> *C'était un syndicalisme assez dur. Il y a eu plusieurs grandes grèves dans les années 1960 et 1970. Mon père était président du Syndicat des mineurs Carey Canadian Mines à East Broughton. Je me souviens très bien, j'étais petit gars à ce moment[10].*

Renaud Paquet était employé du ministère du Travail du Canada. Il avait fait la grève de 1991 avec Michel Hébert au gouvernement fédéral. Il avait aussi été président national de la Section emploi et immigration de l'Alliance de la fonction publique du Canada qui comptait, à l'époque, 23 000 syndiqués. Par ailleurs, il étudiait au doctorat en relations industrielles à l'Université de Montréal. Il a quitté le SCCC-UQAH dès 1993, car il a été recruté comme professeur dans la même université. Il a ensuite été vice-président de la Commission des relations de travail de la fonction publique fédérale.

Denis Marcoux était électricien-frigoriste de formation et était, en 1992, président du Syndicat des cols bleus de la ville de Gatineau (CSN). D'ailleurs, il a été recruté comme chargé de cours à l'UQAH au Département de relations industrielles pour cette raison. Il connaissait bien un professeur du département, Reynald Bourque, qui avait été auparavant conseiller syndical dans sa fédération. Comme il avait fait un premier bac en administration ainsi que des études en relations industrielles à l'UQAH, il connaissait bien les profs à l'époque. Par la suite, il a fait une maîtrise en gestion des ressources humaines aux HEC. Après la campagne de syndicalisation, il a quitté le SCCC-UQAH, car il avait été élu dans les

---

[9] Entretien avec Johannes Martin Godbout.

[10] Entretien avec Renaud Paquet.

instances de la Fédération des employées et employés du secteur public (FEESP-CSN) en 1993 et travaillait à Montréal. Il allait devenir le président de cette fédération en 2009, poste qu'il allait occuper jusqu'à sa retraite en 2018.

En faisant le pointage, d'autres membres ont signifié vouloir s'impliquer. **Johannes Martin Godbout** peut ainsi être considérée comme une membre fondatrice du Syndicat. Elle a commencé sa carrière dans l'administration de l'Université de Montréal, où elle a participé à la campagne de syndicalisation des employées et employés de soutien. Ensuite, elle est devenue cadre de l'Université et a représenté la partie patronale dans les relations de travail. Son mari ayant trouvé travail à Ottawa, elle y est déménagée et est par la suite devenue la première femme éditorialiste au journal *Le Droit (1976-1989)*. Pendant ces années, elle s'est beaucoup impliquée au Syndicat des journalistes d'Ottawa (CSN), notamment en étant représentante syndicale à la table de négociation[11]. Elle est par la suite devenue chargée de cours à l'UQAH au début des années 1990. Elle a été élue comme secrétaire générale du SCCC-UQAH après l'obtention de l'accréditation et a siégé quelques années à la Commission des études de l'UQAH.

Bref, de ces cinq membres fondateurs, quatre étaient attachés au Département de relations industrielles et un au Département de travail social. Quatre membres avaient eu des fonctions syndicales, dont trois comme président de leur syndicat. Tous étaient en situation de double emploi, c'est-à-dire qu'ils occupaient un travail à temps plein à l'extérieur de l'UQAH, dont trois qui étaient syndiqués à la CSN. Ces caractéristiques marqueront la spécificité de l'UQAH dans la campagne de syndicalisation des personnes chargées de cours.

La syndicalisation s'est faite de manière extrêmement rapide. D'abord, à l'été 1992, les quatre principaux membres fondateurs, accompagnés d'André Lortie, conseiller en mobilisation au Conseil central de l'Outaouais, ont adopté des statuts et règlements temporaires pour cette nouvelle association de travailleurs. Cette association, qui n'était pas encore accréditée, a obtenu ses lettres patentes le 26 août 1992. Les membres

---

[11] LAPORTE, Luc, *Le journal LeDroit, miroir de l'identité franco-ontarienne*, mémoire de maîtrise, Université Laval, 1986.

fondateurs ont par la suite adopté leur stratégie de syndicalisation. La campagne de signatures de cartes de membres pouvait ainsi débuter.

Chaque semaine, ces membres fondateurs se réunissaient afin d'unifier leurs listes de pointage et de compiler les cartes signées. Ces réunions se tenaient hors des murs de l'UQAH; la première s'est tenue au bar *Aux 4 jeudis* dans le Vieux Hull. Par la suite, c'est au Conseil central de la CSN que les réunions se déroulaient. En effet, il a fallu se répartir les tâches notamment pour appeler les personnes chargées de cours afin de les convaincre de l'iniquité et de l'arbitraire de l'Université. Ils ont développé un argumentaire afin de convaincre, en quelques minutes, du bien-fondé de la syndicalisation. Une fois les personnes convaincues, un membre du comité se déplaçait chez la personne chargée de cours afin de faire signer la carte de membre.

Soulignons que les quatre membres fondateurs n'étaient aucunement rémunérés pendant le processus de syndicalisation. Avant la négociation et l'obtention d'une première convention collective, les officiers syndicaux ne bénéficiaient d'aucune libération syndicale. Ce n'est pas anodin de souligner que tous avaient, en plus de leurs charges de cours, un emploi principal à temps plein. Ce statut leur permettait d'avoir un revenu stable. C'était une condition importante afin de leur permettre de faire un grand nombre d'heures de bénévolat. De plus, ils craignaient moins les représailles de l'employeur, car ils n'avaient pas besoin de leurs charges de cours pour vivre. Sans leur détermination, il n'y aurait pas eu de syndicat à l'UQAH.

Les débuts de la campagne de signatures de cartes de membre ont été difficiles. Les quatre comparses devaient faire signer des personnes sans posséder de listes exhaustives. C'est donc par des contacts personnels qu'ils ont tenté d'établir une première liste. De plus, sur les babillards des différents départements, les listes de cours étaient affichées à l'attention des étudiantes et étudiants. Les membres fondateurs les ont subtilisées le soir afin d'en faire des photocopies. Ensuite, il fallait retirer les professeures et professeurs réguliers pour ensuite trouver les coordonnées des personnes chargées de cours. Rappelons qu'à l'époque, l'UQAH n'avait pas de site Internet et que le courriel n'était pas encore d'usage. Il fallait donc trouver leurs coordonnées.

> *Je me souviens qu'il y en avait un qui s'appelait Jacques Roy. Je crois qu'il y en avait 35 dans le bottin téléphonique. Il fallait beaucoup de patience. Finalement, nous l'avons trouvé. Et quand on en rejoignait un, il pouvait nous donner des numéros d'autres chargés de cours de son département[12].*

Trouver les coordonnées de ces personnes par le biais du bottin téléphonique était difficile, car il existait des homonymes. Surtout, personne ne savait quel était le nombre de signatures requises, car personne ne connaissait le nombre exact de personnes chargées de cours qui travaillaient à l'UQAH. Bref, c'est dans une grande incertitude qu'a commencé cette campagne de syndicalisation.

Ces militants ont vite compris qu'ils devraient mettre la main sur la liste de l'Employeur. Ils ont d'abord fait une demande à certains professeurs. Ces derniers, même s'ils étaient acquis à la cause syndicale, hésitaient à se mettre dans une position où l'UQAH pouvait les sanctionner pour manque de loyauté. Ensuite, certains ont eu l'idée de monter un projet de recherche fictif sur le métier de chargé de cours et son évolution professionnelle. Ils auraient fait une demande de listes afin de pouvoir effectuer cette recherche. Au final, ce projet un peu loufoque n'a pas été mis en place[13].

La stratégie de syndicalisation a pris un tournant majeur vers le mois d'octobre 1992. Ainsi, une liste des personnes chargées de cours a été transmise par une adjointe d'un département à la suite d'une demande d'un professeur acquis à la cause. Sans elle, il n'est pas certain que la syndicalisation aurait été possible. Cette adjointe avait comme nom de code *Le fil d'Ariane*. Les membres fondateurs s'attendaient toutefois à une contestation de l'accréditation par l'UQAH.

> *On savait que l'Université contesterait. Elle l'avait fait à Sherbrooke. L'UQAH pensait que nous n'avions fait que du recrutement sur la session d'automne. Nous, nous savions que nous devions faire du recrutement sur trois*

---

[12] Entretien avec Renaud Paquet.

[13] Entretien avec Denis Marcoux.

ans, car il y avait des cours qui ne se donnaient qu'aux trois ans. On avait prévu le coup[14].

Afin d'éviter tout risque de rejet du Tribunal administratif du travail, les membres fondateurs ont contacté les personnes chargées de cours qui avaient enseigné pendant les trois dernières années. En effet, il est fréquent qu'une personne chargée de cours n'offre pas de prestation tous les ans. Comme la durée du lien d'emploi n'était pas encore conventionnée, il fallait se prémunir contre toutes interprétations de la définition d'employés. Ce sont environ 70 % des personnes chargées de cours qui ont signé leur carte de membre. La majorité des 30 % restante n'ont pu être jointes, car les listes n'étaient pas à jour. Bref, peu de gens ont refusé de signer, preuve d'une très grande adhésion aux idéaux syndicaux et d'un mécontentement dans les relations de travail.

Les membres fondateurs avaient construit un argumentaire pour convaincre les personnes chargées de cours de signer la carte de membre. Comme il y avait beaucoup de membres à contacter, il fallait être efficace. Dans le cadre du dixième anniversaire du SCCC-UQAH, Marc Sarazin résuma cette stratégie.

> *-Plan A : Lui demander si elle apprécie être moins bien payée que les autres chargées de cours de la province.*
>
> *-Plan B : Lui demander si elle était satisfaite de ses conditions de travail (on espérait qu'une réponse affirmative ne nous cloue pas le bec).*
>
> *-Plan C : On les écoutait se plaindre et on leur disait que le syndicat allait régler tout ça[15].*

Les personnes les plus faciles à convaincre étaient probablement celles qui avaient été chargées de cours syndiquées dans une autre université. Ces dernières savaient fort bien qu'il existait une différence importante de traitement et qu'un syndicat était susceptible de diminuer l'arbitraire. Pendant cette campagne, Gilles Pelletier, qui avait été chargé de cours à

---

[14] Entretien avec Michel Hébert. Au final, les listes déposées par l'UQAH au moment de l'accréditation ne comportaient que les trois trimestres de 1992.

[15] SARAZIN, Marc, « Allocution », *Le Papier*, automne 2002.

l'UQAM et à l'Université d'Ottawa, ainsi que Marie-Josée Bourget, qui avait été chargée de cours à l'Université Laval, à l'Université Carleton et à l'Université d'Ottawa, n'avaient aucunement hésité à signer leur carte de membre[16].

Une fois que la personne acceptait d'adhérer au Syndicat, un membre se déplaçait immédiatement afin de faire signer la carte. Considérant qu'il y avait environ 400 personnes chargées[17] de cours à l'époque, ce travail était considérable. Les membres fondateurs pouvaient se déplacer au domicile de l'individu, sur son lieu de travail et même à l'hôpital. De l'aveu même des membres fondateurs du Syndicat, les cartes de membres étaient plutôt faciles à faire signer. Des directeurs de la fonction publique ou des directeurs d'écoles signaient sans hésitation leur carte d'adhésion syndicale. Renaud Paquet se souvient de s'être déplacé dans un couvent pour faire signer une religieuse qui était chargée de cours en sciences de l'éducation. Elle avait alors demandé d'autres cartes afin de faire signer d'autres religieuses du même couvent[18]. Un membre fondateur s'est aussi rendu à l'hôpital pour faire signer une religieuse. Elle avait affirmé que c'était la dernière chose utile qu'elle allait faire dans sa vie. Elle est décédée le lendemain[19].

La Confédération des syndicats nationaux (CSN) a aussi participé au processus de syndicalisation. Le choix de cette centrale s'était fait « naturellement » à l'époque. Plusieurs personnes chargées de cours du Québec y étaient syndiquées dont celles de l'UQAM, de l'Université du Québec à Rimouski (UQAR) et de l'Université du Québec à Chicoutimi (UQAC). De plus, Marc Sarazin, membre fondateur du SCCC-UQAH, était président de son syndicat affilié à la CSN au CLSC Vallée-de-la-Lièvre tout

---

[16] Entretien avec Marie-Josée Bourget et avec Gilles Pelletier.

[17] Il y en avait 318 en 1992 selon les listes transmises par l'UQAH au moment de l'accréditation. Comme la majorité était en double emploi, certains ne donnaient pas de cours chaque année. Quatre cents personnes chargées de cours étaient une estimation sur une période de trois ans.

[18] Entretien avec Renaud Paquet.

[19] Entretien avec Denis Marcoux.

comme Denis Marcoux, qui était président du Syndicat des cols bleus de Gatineau également affilié à la CSN. Toutefois, le Conseil central des syndicats nationaux de l'Outaouais (CCSNO) était, à l'époque, peu enclin à syndiquer cette bizarrerie. De plus, l'enseignement supérieur n'était pas un secteur très représentatif dans la région. Il aura fallu convaincre des personnes clefs à Montréal afin que le CCSNO prenne les choses en main. Marc Sarazin se souvient d'avoir appelé un vice-président de la CSN afin d'obtenir son appui.

> *J'ai dit : « écoutez, nous sommes prêts à nous syndiquer. Cependant, nous n'avons pas de réponse. Je suis certain que plusieurs syndicats seraient intéressés à nous avoir. Moi, je suis un gars CSN, mais je n'irai pas me mettre à genoux devant les bureaux du Conseil central de l'Outaouais pour qu'ils nous aident ». Une demi-heure plus tard, je recevais un appel de la CSN-Outaouais disant : « OK, on est prêt, on a compris ». À partir de ce moment, nous avons toujours eu un grand appui de la CSN-Outaouais[20].*

La CSN a donc mis les moyens humains, avec ses conseillers, afin de lutter pour la syndicalisation. La CSN et la FNEEQ ont aussi donné un peu d'argent à la jeune association qui ne récupérait pas encore de cotisations syndicales. Le Syndicat des professeurs du Cégep de l'Outaouais avait également été sollicité pendant la campagne de syndicalisation pour un prêt sans intérêts de 1 000 $. C'est plutôt un don de 1 000 $ que le jeune syndicat a obtenu des profs de cégep.

1.4 La judiciarisation de la campagne de syndicalisation

Il n'y a pas eu de pressions de la part de l'UQAH pendant la syndicalisation. Il est certain qu'en signant des centaines de cartes de membres, la Haute Direction a su que certains membres tentaient la syndicalisation. D'ailleurs, plusieurs personnes-cadres et professionnelles de l'Université donnaient également des charges de cours. Des cadres de l'université avaient été joints

---

[20] Entretien avec Marc Sarazin.

par téléphone pour signer une carte de membre, car ils étaient par ailleurs chargés de cours. Bien sûr, ils avaient refusé de la signer[21].

Personne n'a toutefois été importuné. Dans le corps professoral, il y a eu quelques alliés à la syndicalisation des personnes chargées de cours, certains opposants et plusieurs indifférents. Certainement, la syndicalisation allait faire perdre des pouvoirs discrétionnaires aux directions de département et aux professeures et professeurs responsables de cours.

Le plus ancien syndicat de chargé de cours au Québec est celui de l'UQAM (SCCCUQ) et s'était vu contester son accréditation sur la base du type d'emploi. En effet, l'UQAM considérait à l'époque que des employés contractuels ne constituaient pas des salariés au sens du Code du travail. Les personnes chargées de cours de l'UQAM ont toutefois réussi à se syndiquer, ce qui allait faire jurisprudence et tracer la voie pour les autres personnes chargées de cours. Le Syndicat des chargées et chargés de cours de l'Université de Montréal avait aussi mené une longue lutte afin d'obtenir l'accréditation. Cette bataille judiciaire allait durer près de six ans et allait se conclure par le refus de la Cour suprême du Canada d'entendre la contestation d'accréditation par l'Employeur.

Lorsque les personnes chargées de cours de l'UQAH ont déposé leur requête en accréditation le 13 décembre 1992, l'Université allait immédiatement la contester. Toutefois, cette contestation reposait sur la représentativité du Syndicat, l'UQAH croyait alors que le Syndicat n'avait pas été capable d'obtenir la signature de plus de 50 % des personnes chargées de cours. De plus, le Syndicat des professionnels de l'UQAH avait été entendu par le Commissaire général du travail, car il craignait qu'il y ait superposition d'accréditations syndicales. Au final, ce syndicat a accepté qu'il y ait double affiliation pour les professionnels qui étaient par ailleurs chargés de cours[22]. Enfin, l'UQAH considérait que les personnes morales ne devaient pas faire partie de l'accréditation syndicale. Rappelons qu'à l'époque, plusieurs personnes chargées de cours étaient « incorporées »,

---

[21] Entretien avec Michel Hébert.

[22] MARCHAND, Michel, *Dossier AM9212S041*, Bureau du Commissaire général du travail, 21 mai 1993.

c'est-à-dire qu'elles étaient constituées en entreprises. Le Commissaire au travail n'a pas accepté cette distinction. En observant ce qui s'est passé à la TÉLUQ en 2017, où l'Université a remplacé des tutrices et tuteurs par des employés d'une école sous-traitante, il semble que la décision de ne pas acquiescer aux demandes de l'Université sur la reconnaissance des personnes morales a été fondamentale. Ainsi, la généralisation du salariat est susceptible de protéger les membres du SCCC-UQO contre les dérives entourant la privatisation des services publics.

Pourquoi obtenir 70 % de cartes de membres tandis que la loi ne prévoyait qu'une majorité de 50 % + 1? Le Comité de syndicalisation souhaitait d'abord se prémunir contre une contestation de l'UQAH, d'autant plus qu'avec des embauches subséquentes, elle aurait pu rendre les signataires minoritaires. De plus, la campagne intensive de signatures de cartes a duré environ le temps d'un trimestre. C'était l'objectif de départ : obtenir le plus de signatures possible en l'espace de quatre mois. D'août à décembre 1992, les quatre membres fondateurs, soutenus notamment par Gilles Bégin (coordonnateur de la FNEEQ) et André Lortie (conseiller au Conseil central de la CSN en Outaouais), ont tenté d'obtenir le plus de signatures possible. Ainsi, en plus d'atteindre le seuil légal, le nouveau syndicat allait obtenir une très grande légitimité démocratique.

La campagne de syndicalisation ne concernait que les chargés de cours. Aucune signature de carte n'avait été sollicitée auprès des superviseurs de stages. C'est l'Employeur qui, en transmettant les listes d'employés au Commissaire du travail, avait inclus les superviseurs de stage. Le SCCC-UQAH et le syndicat des professionnels ont accepté ces listes. Bref, l'accréditation accordée était plus large que l'accréditation demandée. Était-ce une erreur de l'UQAH? Était-ce une stratégie de l'Employeur pour augmenter le bassin d'emploi afin de tenter de rendre le syndicat minoritaire? À ce moment, l'UQAH ne se doutait pas que 70 % des personnes chargées de cours avaient signé!

> *Lorsque le conseiller est allé déposer la requête en accréditation, nous ne savions pas quelle majorité nous avions. Et l'Employeur avait décidé, pour brouiller les cartes, d'ajouter les superviseurs de stage. Évidemment, ça augmentait le dénominateur. Mais, on avait tellement signé de cartes que ça ne changeait rien. Toutefois, nous n'avions signé aucun superviseur de stage. Pour nous, ils*

> *n'étaient pas des chargés de cours. C'est grâce à l'Employeur que ces gens-là sont syndiqués. Ils se sont fait jouer un tour[23].*

Rappelons qu'à l'époque, les membres fondateurs ne connaissaient pas le nombre de personnes chargées de cours à l'emploi de l'UQAH. Comme le lien d'emploi n'était pas conventionné, il n'était pas évident de déterminer combien de temps on restait sur les listes. Toutefois, devant le Commissaire général du travail, l'UQAH n'avait transmis les listes d'employés que des trois trimestres de 1992, listes dont il fallait enlever les doublons. Ce sont donc 318 employées et employés qui ont fait partie de la première accréditation syndicale[24].

En somme, le SCCC-UQAH a gagné son pari et a pu ensuite négocier sa première convention collective. Le seul bémol est qu'une revendication majeure des pères fondateurs du Syndicat n'a pas pu être conventionnée. En effet, dans l'accréditation obtenue, les professeures et professeurs n'étaient pas soumis à la nouvelle convention collective pour les cours en appoint. Ainsi, il devenait difficile d'en limiter le nombre sans l'appui du Syndicat des professeures et professeurs. Cette question allait rester présente plusieurs années, et le SCCC-UQAH allait continuer d'exercer des pressions en ce sens.

1.5 Une première négociation difficile

Des quatre membres fondateurs, seulement deux sont restés une fois l'accréditation obtenue. Marc Sarazin (vice-président à la convention collective) et Michel Hébert (président) ont donc eu la responsabilité de porter le jeune syndicat dans un contexte de blocage de l'employeur. Raphaël Routhier (vice-président aux communications), Johannes Martin-Godbout (secrétaire générale) et Alain Laberge (trésorier) ont complété le premier Comité exécutif. Considérant que la première négociation a duré environ quatre ans, l'employeur ne payait toujours pas de libérations syndicales. Le travail syndical reposait donc en grande partie sur le

---

[23] Entretien avec Renaud Paquet.

[24] MARCHAND, Michel, *Dossier AM9212S041*, Bureau du Commissaire général du travail, 21 mai 1993.

bénévolat. Toutefois, le SCCC-UQAH avait obtenu que l'Université défraie le coût des libérations syndicales pour les membres du Comité de négociation.

En 1993, Denis Marcoux a été élu au Comité exécutif de la Fédération des employées et employés du secteur public (FEESP-CSN) à Montréal. Il ne pouvait plus s'impliquer dans le jeune syndicat qu'il avait participé à créer. Pour sa part, Renaud Paquet, qui était encore doctorant, avait été recruté comme professeur à l'UQAH. Ainsi, il n'était plus soumis à la même accréditation syndicale.

Dans cette négociation, les comités exécutif et de négociation étaient épaulés notamment par Gilles Bégin, coordonnateur à la FNEEQ, et Serge Julien, conseiller à la FNEEQ. D'abord, le travail était de comparer toutes les conventions collectives existantes afin d'établir un cahier de demandes qui reflétait la nature de l'UQAH. Pour les clauses plus techniques, telles que l'évaluation des enseignements, il était beaucoup plus facile de reprendre à l'identique celles d'une autre université plutôt que d'en rédiger une nouvelle.

> *Il faut comprendre que l'UQAH était l'avant-dernière université du réseau de l'Université du Québec à syndiquer les chargés de cours. C'est certain qu'on s'inspirait des conventions collectives des autres universités. Il y avait des adaptations locales. L'adaptation la plus importante à Hull est que la majorité des chargés de cours étaient en double emploi[25].*

La question du double emploi était extrêmement sensible. Dans plusieurs universités, la déclaration du statut d'emploi des personnes chargées de cours est obligatoire. Ainsi, les personnes en simple emploi, c'est-à-dire celles qui vivent de leurs charges de cours, sont favorisées sur le nombre de charges maximales ainsi que sur les tours d'attribution. C'est un peu une manière de diminuer leur précarité. Or, à l'UQO, la majorité des personnes chargées de cours sont en double emploi, c'est-à-dire qu'elles ont un emploi principal à temps plein en plus de donner des charges de cours. C'était également le cas en 1993 et il aurait été impensable d'adopter une telle clause. Par ailleurs, tous les membres fondateurs ainsi que les membres du

---

[25] Entretien avec Serge Julien.

premier Comité exécutif élu après l'accréditation, à l'exception de Johannes Martin Godbout, étaient en double emploi. À l'époque, le conseiller FNEEQ en convention collective, Serge Julien, l'avait appris lors des consultations prénégociations. Richard Perron, deuxième président du SCCC-UQAH et membre du premier Comité de négociation, se souvient :

> *Il y a eu un grand débat sur le sujet. Personnellement, j'étais en double emploi. Je défendais l'idée que le statut d'emploi ne devait pas donner priorité. On aurait pu définir des critères sociaux pour donner priorité pour l'attribution des cours. Je croyais aussi que l'Université devait embaucher selon la compétence et non pas sur la question du simple ou du double emploi. Heureusement pour l'Université, le gouvernement fédéral offrait un très grand bassin d'emplois[26].*

C'est donc une spécificité du SCCC-UQAH puis du SCCC-UQO; la majorité de ses membres sont en double emploi. Un rapport de force entre ces deux catégories de personnes chargées de cours a pu s'établir. De tout temps, les personnes en double emploi ou touchant une pleine pension d'un autre emploi ont été majoritaires au Comité exécutif du Syndicat. À une certaine époque, des personnes en simple emploi ont pu trouver difficile cette situation.

Il faudra attendre 1995, soit trois ans après la fondation du Syndicat et deux ans après l'obtention de l'accréditation, pour qu'une première personne vivant de ses charges de cours accède au Comité exécutif du SCCC-UQAH. **Gisèle Lafrenière** était travailleuse sociale et avait fait ses études de premier cycle avec Marc Sarazin. Elle a par la suite fait une maîtrise. Elle a effectué à l'UQAH une enquête sur les personnes chargées de cours commandée par la FNEEQ, où elle s'intéressait notamment aux congés de maternité et au statut d'emploi. Elle a été pendant douze ans secrétaire générale du Syndicat. Nous pouvons affirmer qu'elle a assuré une certaine stabilité de l'institution en siégeant dans un Comité exécutif dirigé par quatre différentes présidences. Elle a aussi siégé pendant de nombreuses années au Bureau fédéral de la FNEEQ.

Gisèle Lafrenière se souvient d'avoir subi moqueries et incompréhensions parce qu'elle était chargée de cours à temps plein.

---

[26] Entretien avec Richard Perron.

> *La perception des gens, c'était que les gens en simple emploi n'étaient pas capables de trouver du travail ailleurs. Ça m'a réconciliée beaucoup avec la vie lorsque je suis allée à la FNEEQ, où la majorité des gens étaient en simple emploi. J'ai rencontré beaucoup de chargées et chargés de cours qui étaient dans la même situation que moi. J'ai milité longtemps pour qu'on soit reconnus[27].*

L'incompréhension atteignait son paroxysme lorsqu'une personne chargée de cours touchait de l'assurance emploi (anciennement assurance chômage) les mois d'été. En effet, pour plusieurs, la charge de cours est un emploi saisonnier tel que le tourisme ou la pêcherie. Il est donc légitime que les personnes chargées de cours touchent des indemnités les mois où elles ne sont pas capables d'obtenir des charges. Or, toucher ces prestations était extrêmement mal perçu par des personnes en double emploi. Gisèle Lafrenière s'était fait traiter de fraudeuse en pleine réunion d'un Comité exécutif[28] :

> *J'étais alors montée sur mes grands chevaux. C'était frustrant. C'était révélateur d'une très mauvaise compréhension de la situation. À un autre moment, un membre du Comité exécutif m'avait dit : « je ne comprends pas qu'avec toutes les ressources que tu as, tu n'es pas capable d'être autre chose qu'une chargée de cours ». Il ne comprenait pas que c'est un choix que j'ai fait. J'aime enseigner. J'aime ce que je fais. Des gens au SCCC-UQAH trouvaient que n'être que chargée de cours, ça manquait de prestige. Ce préjugé existait encore 15 ans après la fondation du Syndicat.*

Avec un syndicat venait également le défi de concilier les intérêts de chacun. En effet, le mode d'attribution des cours pouvait en privilégier certains au détriment des autres. Un système de points d'ancienneté allait être mis en place. Toutefois, il fallait déterminer si on accordait un ou deux cours chaque tour d'attribution. Devait-on garantir une plus grande sécurité d'emploi aux plus anciens ou permettre aux plus jeunes d'avoir un accès facilité à l'attribution? Des débats ont ainsi marqué l'établissement d'un premier cahier de demandes syndicales. À ce moment, les personnes en simple emploi pouvaient être vues comme une menace par les autres, car,

---

[27] Entretien avec Gisèle Lafrenière.

[28] Entretien avec Gisèle Lafrenière.

dans plusieurs autres universités, elles étaient privilégiées dans l'attribution des cours.

Le dépôt des demandes syndicales s'est fait en mars 1994, et la première rencontre avec le Comité de négociation patronale s'est faite en décembre 1994. Bref, il faudra attendre deux ans après le dépôt de la demande d'accréditation pour avoir une première séance de négociation avec l'Employeur. Deux années supplémentaires seront nécessaires afin d'obtenir une première convention collective. Michel Hébert, le premier président du SCCC-UQO, ne s'est pas représenté l'année suivante afin de faciliter les négociations.

> *C'était clair que l'Université m'avait classé parmi les radicaux parce que j'avais fondé le syndicat. J'étais la figure qui avait amené la bombe dans l'université. Je voyais que cette perception nuisait à la négociation. C'est beaucoup plus difficile de négocier une nouvelle convention que de négocier pour un simple renouvellement. J'ai pensé que ça faciliterait la négociation si ce n'était pas moi le président[29].*

C'est **Richard Perron**, qui était alors fonctionnaire fédéral, qui devint le second président. Il avait complété une maîtrise en éducation aux adultes et faisait de la formation en gestion à Ressources Canada. Richard Perron a commencé à être chargé de cours dès la fondation de l'UQAH en 1981. Il a notamment enseigné en gestion de projets.

Le conseiller Serge Julien ne considère pas que l'UQAH ait négocié de mauvaise foi à l'époque. Une première convention est toujours difficile à négocier. Les employées et employés veulent obtenir les mêmes conditions qu'ailleurs, et l'Employeur souhaite garder une partie de son pouvoir discrétionnaire.

> *C'est certain que l'administration, comme dans toutes les entreprises, réagit mal à la syndicalisation. Ils ne négocient jamais avec enthousiasme. Cependant, ils n'ont pas eu une ligne plus dure que les autres. Je crois qu'ils étaient beaucoup moins bien équipés en ressources humaines pour négocier que les autres universités. L'UQAH n'avait pas une grande expérience ni une grande*

---

[29] Entretien avec Michel Hébert.

expertise pour négocier une convention collective. Toutefois, il n'y avait pas de haine des syndicats et de haine de la CSN à la table. Je voyais plutôt une volonté de ne pas changer leur fonctionnement[30].

La première négociation a duré si longtemps que le Comité de négociation de l'entente de principe n'était pas tout à fait le même que celui du début. Ainsi, Carole Lazure et Raphaël Routhier avaient quitté le Comité avant la fin de la négociation et Marc Sarazin ainsi que Marie-Josée Bourget l'avaient rejoint. Le Comité de négociation qui a terminé cette négociation pour une première convention collective était composé de Richard Perron (président), Michel Hébert (vice-président aux communications), Louis-Charles Sirois (vice-président à la convention collective) Marc Sarazin et Marie-Josée Bourget. Ces deux dernières personnes ne siégeaient pas au Comité exécutif au moment de la ratification. À l'époque, Marie-Josée Bourget différait considérablement des autres personnes impliquées. Elle était jeune, avait des enfants en bas âge et était une femme. De plus, elle vivait de ses charges de cours, c'est-à-dire qu'elle n'avait pas d'emploi à temps plein à l'extérieur de l'Université. C'est d'ailleurs notamment pour toutes ces raisons qu'elle a été approchée pour s'impliquer au syndicat afin d'améliorer la représentativité.

En aucun moment, il n'avait été question de soumettre cette convention collective à l'arbitrage. Il n'avait pas non plus été question de déclencher une grève. D'ailleurs, le syndicat n'avait pas constitué un fonds de grève. Trois ans après le dépôt de la requête en accréditation, le Syndicat misait toujours sur la négociation :

Nous continuerons tout de même à retourner à la table de négociation parce que nous maintenons notre confiance en ce mécanisme. Nous avons acquiescé à la demande d'ajouter des journées de négociation. Nous continuons parce que nous visons toujours le même objectif : un contrat de travail qui permet à des professionnels de travailler dans des conditions favorisant la qualité de l'enseignement tout en respectant les droits de gérance. Nous n'y sommes pas encore[31].

---

30 Entretien avec Serge Julien.

31 PERRON, Richard, « Éditorial », *Le Papier,* décembre 1995.

Après quatre années d'existence, le SCCC-UQAH obtenait sa première convention collective. La période précédente était difficile, car aucune convention collective ne s'appliquait. Ainsi, l'employeur ne payait pas de libérations syndicales aux officiers afin d'effectuer le travail. Le syndicat ne pouvait compter que sur ses cotisations. Afin d'engager une adjointe administrative, le SCCC-UQAH avait bénéficié du Fonds d'entraide intersyndicale du Regroupement université. Ce fonds allait assumer 60 % des coûts associés à la constitution de ce secrétariat et une personne allait être embauchée deux demi-journées par semaine[32]. Le SCCC-UQAH n'était pas le seul syndicat à bénéficier de ce fonds; les syndicats de personnes chargées de cours de l'Université Concordia et de l'Université du Québec en Abitibi-Témiscamingue allaient aussi pouvoir créer un secrétariat grâce à la générosité des syndicats plus établis[33].

---

[32] *Le Papier*, mars 1996.

[33] HÉBERT, Michel, « La coopération intersyndicale, ça existe », *Le Papier*, décembre 1995.

CHAPITRE 2 : CONSOLIDER LE SYNDICAT

La première convention collective a été signée en 1996. Il aura toutefois fallu plusieurs mois afin qu'elle se matérialise. Un travail énorme était à faire : celui d'établir les exigences de qualifications pour l'enseignement (EQE). Avant cette convention collective, les cours pouvaient être donnés de manière arbitraire par la direction du département qui jugeait seul des qualifications de la personne chargée de cours. En adoptant un mécanisme d'attribution des cours conventionné, il fallait indiquer clairement qui pouvait donner tel cours. Ainsi, pour chacun des cours, les qualifications nécessaires pour donner les cours devaient être explicitées. Avec une banque de plusieurs centaines de cours, un long travail dans les départements allait s'amorcer. Par ailleurs, la mise en place des comités institutionnels prévus par la convention collective, tels que l'intégration et le perfectionnement, ne se sont pas mis en place au rythme souhaité par le syndicat[34]. Enfin, une négociation par lettres d'entente allait se poursuivre afin de régir les stages.

Parallèlement, la construction de la vie démocratique du Syndicat devait se poursuivre. Les personnes chargées de cours pouvaient siéger dans les différents comités. Le SCCC-UQAH obtenait aussi davantage de ressources économiques. En effet, les cotisations syndicales allaient augmenter en fonction de la masse salariale. Ainsi, la très grande majorité des personnes chargées de cours avaient obtenu une grande augmentation salariale avec la

---

[34] PERRON, Richard, « Éditorial », *Le Papier*, avril 1997.

première convention collective, et les cotisations salariales étaient déterminées en pourcentage du traitement versé. Par ailleurs, l'UQAH commençait à verser des libérations syndicales aux officiers syndicaux. L'équivalent de 14 charges de cours était alors distribué en salaire aux membres du Comité exécutif du SCCC-UQAH, ce qui correspondait à plus de 61 000 $ par année.

2.1 Un premier changement de garde

Michel Hébert, premier président du SCCC-UQAH, n'était resté en poste qu'un an, car il avait considéré que son départ de la présidence allait aider à la négociation, car il était considéré comme radical par l'Employeur. Il était toutefois resté membre du Comité de négociation et du Comité exécutif. Son successeur, Richard Perron, avait assumé la présidence pendant la majeure partie de la négociation de la première négociation ainsi que pendant la durée de la première convention collective. C'est sous sa présidence que furent mis en place les statuts et règlements « permanents », le secrétariat du syndicat ainsi que les comités institutionnels découlant de la Convention collective. Toutes ces tâches, notamment l'adoption des statuts et règlements, ont demandé beaucoup de travail bénévole aux militantes et militants du SCCC-UQAH. En 1999, Richard Perron considérait qu'il était temps de céder sa place[35].

En 1999, sept années après la création du Syndicat, le temps était venu de trouver une nouvelle présidence. Cette année a été marquée par le départ de deux piliers du Comité exécutif : en plus du président Richard Perron, le vice-président aux communications Michel Hébert quittait le Comité exécutif. À l'époque, le syndicat fonctionnait bien, mais plusieurs membres étaient usés et fatigués. La majorité des membres du Comité exécutif avaient un emploi principal en plus de leurs tâches syndicales.

> *Ce n'était pas toujours facile. Je trouve qu'il y avait plus de politique dans le Syndicat que dans l'administration de l'Université. Je l'ai aussi vu à la FNEEQ. On a eu des bagarres odieuses à la FNEEQ. Finalement, je commençais à trouver ça difficile et je me suis dit qu'il était peut-être temps qu'il*

---

[35] PERRON, Richard, « Place au sang neuf », *Le Papier*, avril 1999.

y ait une autre vision. En plus, comme président de syndicat, je travaillais toutes les maudites fins de semaine. À cette époque, Marie-Josée était assez proche du Syndicat depuis plusieurs années. Je lui avais demandé si elle était prête à me remplacer[36].

Richard Perron avait alors approché Marie-Josée Bourget pour prendre sa relève. Rien n'indiquait à l'époque qu'elle allait marquer autant le SCCC-UQO.

Marie-Josée Bourget a fait des études de deuxième cycle à l'Université Laval. C'est pendant cette période qu'elle a commencé à donner des charges de cours. Pour des raisons familiales, elle s'installe à Gatineau où elle enseigne à l'Université Carleton puis à l'Université d'Ottawa. Elle avait une expérience syndicale en ayant été membre du Comité exécutif de l'Association des professeures à temps partiel de l'Université d'Ottawa (APTPUO, nom du syndicat des chargées et chargés de cours). À la suite d'un remaniement des cours obligatoires, elle perd presque toutes ses charges de cours à Ottawa. C'est ainsi qu'elle commence à enseigner à l'UQAH. Ayant travaillé dans quatre universités, elle constate que les conditions de travail et les salaires variaient considérablement d'une université à l'autre.

À partir de 1993, elle avait participé à quelques Assemblées avant et après le dépôt de la requête en accréditation. C'est Michel Hébert qui l'avait contactée et elle n'avait pas hésité à signer sa carte de membre. En effet, elle était habituée au statut de syndiquée, car dans les trois autres universités où elle avait enseigné, les personnes chargées de cours étaient syndiquées. Dès le début, on lui avait demandé de s'impliquer au syndicat, car elle avait une expérience différente.

J'avais répondu que mes enfants étaient trop petits. Je leur ai dit : « quand je vais avoir du temps et que je vais être prête, je vais le faire ». Trois ou quatre ans plus tard, Michel [Hébert] est revenu à la charge. Je lui ai dit que là, j'étais prête à m'impliquer. À l'époque, ça faisait deux ans que la négo était en cours et il n'y avait aucune femme dans le Comité de négo. Personne dans le

---

[36] Entretien avec Richard Perron.

> *Comité de négo ne vivait de ses charges de cours. J'ai donc fait la dernière année et demie de la négo[37].*

Elle avait été membre du Comité de négociation de la première convention collective et avait été nommée déléguée à la coordination du Conseil syndical. Elle était aussi membre du Comité de perfectionnement. Elle a donc fait le saut à la présidence du syndicat sans avoir occupé d'autres fonctions au Comité exécutif, ce qui posait un défi d'apprentissage accéléré de la vie syndicale.

> *Et moi, ce qui me dérangeait, c'était mon âge. J'avais 36 ans et la moyenne de notre syndicat était d'environ 50 ans. C'était impressionnant. Ce qui faisait ma force, c'était mon expérience d'autres universités et ma connaissance des conventions collectives. Et notre syndicat n'était pas trop à cheval sur le Code Morin et ça m'a rassurée un peu[38].*

De plus, c'est la première présidente à avoir été en simple emploi, c'est-à-dire que ses revenus provenaient surtout de ses charges de cours. Fait intéressant : à l'époque, Marie-Josée Bourget habitait la ville de Québec. Elle avait en effet déménagé dans sa ville natale, car son conjoint y avait été transféré. Les membres du SCCC-UQAH ont ainsi élu une présidente qui habitait à plus de 400 km.

Comme elle continuait à enseigner à l'UQAH et que ses frais de déplacement étaient assumés par l'Employeur, cette situation n'entraînait pas d'importants coûts supplémentaires au syndicat. De plus, sa présidence correspondait avec le développement d'Internet. Il était désormais plus simple de faire les tâches syndicales à distance. Par ailleurs, comme Marie-Josée Bourget était la seule du Comité exécutif à être en simple emploi, elle était la seule à pouvoir travailler autant d'heures pour le syndicat.

Ainsi, Marie-Josée Bourget a été présidente une première fois de 1999 à 2005. Ces mandats ont notamment été marqués par deux mandats de grève générale illimitée, dont un qui a été exercé en 2004. Ces mandats de grève seront traités abondamment au chapitre 3. Cette période a aussi été

---

[37] Entretien avec Marie-Josée Bourget.

[38] Entretien avec Marie-Josée Bourget.

marquée par des avancées significatives quant aux relations de travail, où le SCCC-UQAH a pu rattraper le retard face aux autres syndicats de personnes chargées de cours plus anciens. En parallèle, le Syndicat commençait à obtenir des moyens financiers plus conséquents. La masse salariale augmentait avec la standardisation et la hausse des salaires, ce qui faisait grimper les cotisations syndicales. Par ailleurs, dès la première convention collective signée, l'Employeur payait des libérations syndicales aux officiers. Ces ressources amélioraient le rapport de force du Syndicat, mais entraînaient des débats éthiques. Sous quelle base devait-on rémunérer les officiers syndicaux? Devions-nous nous attendre à ce que les officiers syndicaux effectuent leurs tâches par engagement plutôt que pour un salaire? Ces questions feront débat longtemps et marqueront la crise la plus importante qu'ait connue le SCCC-UQO en 2013. Nous y reviendrons plus tard dans ce chapitre.

En 1999, sous la présidence de Marie-Josée Bourget, il avait été décidé que les libérations syndicales n'allaient plus être calculées à l'heure travaillée, mais allaient plutôt être payées à la tâche, ce qui pouvait faciliter le calcul. Toutefois, tous n'étaient pas d'accord avec cette manière de calculer les libérations. Ainsi, Gilles Pelletier, trésorier à l'époque, avait décidé de démissionner de ses fonctions. Il ne souhaitait pas que cette divergence d'opinions nuise à l'harmonie du Comité exécutif et a décidé de céder sa place. Gilles Pelletier continuera à siéger au Conseil syndical et il est toujours représentant au Comité de retraite de l'Université du Québec.

> *Je trouvais que la méthode n'était pas vraiment appropriée. Cependant, je n'ai jamais été en conflit avec l'Exécutif de l'époque. J'ai préféré laisser ma place. D'ailleurs, si on fait l'histoire du Syndicat, la distribution des libérations syndicales entre les différents membres de l'Exécutif et entre les différents membres des autres comités a amené beaucoup de frictions. C'est une des raisons pour lesquelles on avait demandé une enquête externe plus tard en 2013. Ensuite, la nouvelle méthode mise en place est plus transparente. Et ça a amélioré beaucoup l'atmosphère à l'intérieur du Syndicat[39].*

---

[39] Entretien avec Gilles Pelletier.

2.2 La détente des relations de travail

L'histoire de l'UQO est notamment marquée par la construction de son campus à Saint-Jérôme et est révélatrice de la concurrence que se font les universités entre elles. Comme le campus de Longueuil de l'Université de Sherbrooke et le campus de Lévis de l'Université du Québec à Rimouski, le campus de Saint-Jérôme venait absorber des étudiantes et étudiants d'un grand centre urbain. L'UQO allait alors connaître sa plus grande croissance en nombre de cours. Avant la construction d'un campus à Saint-Jérôme, le Centre d'études universitaires des Laurentides (CEUL) de l'UQO, logé au cégep de Saint-Jérôme, accueillait déjà 10 % de la population étudiante. Saint-Jérôme a par la suite fait un don important à l'UQO afin d'y construire un campus séparé du cégep[40]. En 2018, c'est environ le tiers de la population étudiante de l'UQO qui étudiait à Saint-Jérôme, et la croissance était ralentie par le manque de locaux. Pour sa part, le SCCC-UQO devait désormais tenir compte de la distance dans sa démocratie syndicale.

Après la grève de 2004, le SCCC-UQO a gagné en respect face à l'employeur. Les griefs se faisaient rares, et les trois négociations suivantes ont été moins tumultueuses que les trois premières. En 2005, Marie-Josée Bourget a pris la décision de quitter la présidence du syndicat.

> *Je m'étais aussi promis de ne pas rester trop longtemps à la présidence. Je crois fermement que les syndicats doivent avoir des présidences d'une certaine durée et qu'elles ne deviennent pas intouchables. Il faut en plus de donner la place aux jeunes, encourager toutes les visions des membres[41].*

Cette décision de quitter la présidence du SCCC-UQO n'est pas étrangère au fait que Marie-Josée Bourget s'était présentée avant à la vice-présidence de la FNEEQ. Elle avait été défaite par Marie Blais, chargée de cours à

---

[40] BÉDARD, René, « Pourquoi enseignons-nous à St-Jérôme? », *Le Papier*, décembre 2006.

[41] Marie-Josée Bourget, *Le Papier*, avril 2005.

l'UQAM. Marie-Josée Bourget avait trouvé sa campagne électorale difficile et elle souhaitait tourner définitivement la page[42].

Il n'a pas été facile de trouver quelqu'un pour succéder à la présidence. Il fallait chercher quelqu'un qui dégageait un certain consensus et qui avait suffisamment de temps à consacrer à la tâche. C'est finalement **Marc Aubé**, qui était alors à la vice-président aux communications, qui a pris la relève. Marc Aubé avait fait ses études en informatique à l'UQAH. Étudiant, il avait notamment siégé au Conseil de module, fonction qu'il allait rapidement poursuivre comme membre socioéconomique, puis comme chargé de cours. Il avait fait partie du Comité de mobilisation qui a mené à la grève de 2004. Son emploi principal est celui de coordonnateur de programme au cégep de l'Outaouais et avait une certaine flexibilité dans ses horaires. Marc Aubé a aussi façonné le site Internet du SCCC-UQO. Lorsqu'il a brigué la présidence, il affirmait qu'il souhaitait être président pendant une période de trois ans et il a tenu sa promesse.

Dans le Comité exécutif présidé par Marc Aubé, Gisèle Lafrenière et Isabel Côté étaient en simple emploi, et Gérard Gratton et Réjean Durocher étaient retraités. Ainsi, plusieurs personnes avaient des horaires beaucoup plus flexibles que la présidence. Les tâches du Comité exécutif ont été réparties de manière à maximiser le temps disponible.

Le Syndicat, qui était encore jeune, devait apprivoiser ses instances démocratiques. Les statuts et règlements sont importants et ont toujours été respectés de bonne foi dans l'histoire du SCCC-UQO. Toutefois, des crises de légitimité démocratique sont parfois apparues. En 2006, une chargée de cours, Annie Bissonnette, a publié une lettre dans *LeDroit* critiquant une décision de ne pas élire les membres du Comité de négociation. En effet, un précomité de négociation avait été formé par le Comité exécutif et ce dernier avait demandé à l'Assemblée générale de valider sa composition. Un autre membre du Syndicat, Guy Latraille, par ailleurs conjoint d'Annie Bissonnette, avait abondé dans le même sens dans les pages du *Droit* :

> *Décidément, avec un tel comportement, nos institutions syndicales sont en danger de mort et pire encore, elles mettent en danger les institutions qu'elles*

---

[42] Entretien avec Marie-Josée Bourget.

> *parasitent! Fausses représentations, fausses élections, faux président d'élections, faux président d'assemblée, faux débats, faux enjeux, faux comité de négociation, faux statuts, fausse information, bref fausse démocratie avec quelques vrais membres (quelques-uns suffisent[43] !)*

La justification donnée par le Comité exécutif était que ce Comité de négociation avait déjà travaillé et qu'il serait injuste de le remettre en question[44]. En effet, le SCCC-UQO travaillait avec le Regroupement université de la FNEEQ et devait travailler dans le cadre de la négociation regroupée. Marc Aubé a ainsi défendu la voie adoptée par le Conseil syndical :

> *Pour ce qui est des travaux préparatoires à la négociation, ils ont débuté bien avant les six mois que madame Bissonnette mentionne dans sa lettre. S'agit-il de le rappeler ici, nous faisons partie d'une Fédération d'enseignants et d'enseignantes où plusieurs syndicats de chargés et chargées de cours procèdent ensemble à une négociation regroupée. Les gains des uns érigent des tremplins pour les gains des autres. Le travail des vice-présidences à la Convention collective remonte à plus d'un an. Par le fait même, le Comité exécutif a été constamment sollicité pour analyser les orientations à proposer aux membres. Plusieurs rencontres du Conseil syndical ont eu lieu au printemps pour débattre des voies à privilégier. Un Comité a aussi été mandaté pour commencer des travaux, entre autres, un sondage envoyé à tous les membres pour valider ces avenues. C'est donc l'ensemble de ce processus qu'il est important de cerner[45].*

Mentionnons que la démarche adoptée alors n'enfreignait pas les statuts et règlements du Syndicat. Par ailleurs, une telle pratique avait été adoptée pour nommer les membres du Comité de négociation des deux premières conventions collectives. De plus, l'Assemblée générale avait donné son accord pour procéder d'une telle manière. En somme, malgré un respect strict des normes, un Comité exécutif est toujours sujet à la critique sur sa

---

[43] LATREILLE, Guy, « Prix citron au comité exécutif du Syndicat des chargées et des chargés de cours de l'UQO », Ottawa, *Le Droit*, 29 novembre 2006.

[44] *Le Papier*, décembre 2006.

[45] AUBÉ, Marc, « Réponse à l'article de madame Annie Bissonnette », *Le Papier*, décembre 2006.

gestion et ses pratiques. Pour les négociations ultérieures, les membres du Comité de négociation ont toujours été élus par l'Assemblée générale.

En 2008, un autre changement à la présidence s'est produit. Marc Aubé a décidé de ne pas se représenter à la suite de l'adoption de la quatrième Convention collective. C'est ce qu'il avait annoncé dès sa première élection à la présidence : il était là pour trois ans afin de mener à bien la négociation. Il a tenu parole et ne s'est pas représenté pour un quatrième mandat. C'est Louis-Charles Sirois, avocat au service du ministère de la Justice du Canada, qui a été élu président. Auparavant, il avait occupé différentes fonctions au Comité exécutif du syndicat depuis 1994 : vice-président à la convention collective, trésorier et secrétaire général.

Sous la présidence de Louis-Charles Sirois, les relations de travail se sont détendues, et peu de griefs ont été déposés. Un dialogue avec le Décanat de la gestion académique était maintenu afin que tous les différends soient réglés de manière négociée. D'ailleurs, à la suite de son élection, Louis-Charles Sirois évoquait sa philosophie de l'action syndicale dans le journal *Le Papier* :

> *Je suis fier d'appartenir à un syndicat qui ne revendique pas à outrance n'importe quoi et qui ne méprise pas ses employeurs quotidiennement. Au contraire, nous avons le plaisir de travailler avec un employeur composé de membres riches en talent intellectuel, dignes de respect. Et c'est cela la base : le respect de l'individu et de son travail, de la façon dont le travail est octroyé, appliqué et évalué. (...) Nos relations avec nos correspondants chez l'Employeur sont excellentes, elles sont fondées sur un respect gagné et mérité grâce à une argumentation constamment solide, elle-même, basée sur une étude approfondie des faits de chaque dossier litigieux. Sachez que lorsque votre Syndicat pose un geste en votre nom, ce n'est jamais une action frivole, mais un résultat de recherche et de stratégie en négociation[46].*

Gérard Gratton a été un artisan de cette détente des relations de travail. Ce directeur d'école secondaire à la retraite est devenu chargé de cours en 2000. Dès 2001, il intègre le Comité exécutif du SCCC-UQO comme

---

[46] SIROIS, Louis-Charles, « Origines et mission de notre syndicat », *Le Papier*, été 2008.

trésorier. Il succédera ensuite à Marc Sarazin comme vice-président à la Convention collective de 2003 à 2013. Pendant dix ans, il laissera sa marque dans les relations de travail. Il a d'ailleurs fait partie de quatre Comités de négociation du SCCC-UQO. En 2018, il était toujours chargé de cours.

> *J'avais une expérience de négociation du côté patronal à la commission scolaire. Au début, c'était étrange de passer de la partie patronale à la partie syndicale. Cependant, je pense que mon expérience des deux côtés m'a servi. Pour moi, ça a été une transition facile. (...) Le Syndicat m'a amené à devenir une meilleure personne. J'étais avant patron, mais la vision syndicale m'a appris à mieux comprendre les personnes[47].*

Gérard Gratton a développé son style où il voulait éviter de déposer des griefs. Il fonctionnait plutôt par la négociation avec l'Employeur.

> *Dans 95 % des cas, on réussissait à trouver un terrain d'entente. Il y avait beaucoup d'ouvertures de part et d'autre. J'avais une grande disponibilité et j'étais toujours présent à l'Université. J'avais toujours le désir de trouver une solution à un problème. Je ne laissais pas pourrir les problèmes et j'accompagnais les gens aussi[48].*

Un autre symbole de cette détente est le Regroupement université de la FNEEQ qui s'est tenu à l'UQO à l'hiver 2012. Pour l'occasion, le recteur Jean Vaillancourt était venu saluer les représentants de tous les syndicats de personnes chargées de cours affiliés à la CSN, chose assez rare[49]. Le SCCC-UQO et l'UQO venaient de signer la cinquième Convention collective.

2.3 Une crise de croissance

Cette détente des relations de travail n'était pas du goût de chacun. Certains membres influents souhaitaient un syndicat plus combatif. Parallèlement à cette question, d'autres enjeux ont contribué à l'augmentation des tensions.

---

[47] Entretien avec Gérard Gratton.

[48] Entretien avec Gérard Gratton.

[49] SIROIS, Louis-Charles, « Une fin agréable aux négos », *Le Papier*, printemps 2012.

Plusieurs membres du Comité exécutif s'étaient fait montrer la porte de sortie sous prétexte qu'ils ne donnaient pas leur plein rendement. De plus, la rémunération de certains officiers syndicaux était jugée odieuse par plusieurs. Ces questions se sont additionnées pour créer des clans hostiles qui ont amené des tensions importantes pendant les instances.

Le conflit allait aussi se déplacer sur la scène juridique, notamment par cinq plaintes contre le Syndicat déposées par Michel Hébert en vertu de l'article 47.2 du Code du travail :

> *« Une association accréditée ne doit pas agir de mauvaise foi ou de manière arbitraire ou discriminatoire, ni faire preuve de négligence grave à l'endroit des salariés compris dans une unité de négociation qu'elle représente, peu importe qu'ils soient ses membres ou non[50] ».*

En effet, Michel Hébert, membre fondateur et premier président, considérait que ses successeurs ne défendaient pas suffisamment les membres. Trop peu de griefs étaient déposés selon lui et il pensait que les officiers syndicaux étaient trop proches des patrons. Il a ainsi intenté une poursuite afin de créer une fissure dans le monopole de la représentation syndicale et de pouvoir défendre seul ses dossiers. Bien que le SCCC-UQO ait remporté toutes ces batailles juridiques, ces recours ont laissé des traces. À l'époque, Michel Hébert, qui connaissait bien la jurisprudence, était conscient qu'il avait peu de chance de gagner. Son but était de mettre du sable dans l'engrenage et de manifester son opposition.

De plus, certains membres avaient qualifié l'Exécutif de l'époque de pro-patronal. Ces années ont été difficiles autant pour les membres du Comité exécutif que pour son opposition. La contestation prenait autant la forme de fronde pendant les Assemblées générales et les Conseils syndicaux que la forme légale. Gérard Gratton, qui était vice-président à la Convention collective, se souvient des années difficiles qu'il a vécues.

> *Les attaques ont été difficiles. Ces années ont été difficiles. Le climat était mauvais et ils ne lâchaient pas. Ils n'ont jamais lâché prise. Ils envoyaient des courriels à tous les chargés de cours. Les gens se demandaient pourquoi il y*

---

[50] Code du travail, article 47.2.

> *avait de la chicane. Ma seule motivation de continuer, c'était de travailler pour les chargés de cours et de régler des problèmes*[51].

Les tensions se sont installées tranquillement. Les premiers signes ont été que les Assemblées générales devenaient plus houleuses. Des critiques, et parfois même des accusations, étaient faites ouvertement de l'équipe en place. D'autres personnes soulignaient la déconnexion avec la base. Mentionnons que plusieurs personnes retraitées faisaient partie du Comité exécutif du SCCC-UQO. Ils n'auraient pas toujours saisi, selon la fronde, les défis de la précarité des personnes qui vivaient de leurs charges de cours.

L'Assemblée générale du 9 novembre 2009 a été particulièrement houleuse. Le Comité exécutif avait alors proposé, comme en 2006, l'élection en bloc des membres du Comité de négociation. Les débats ont été tels que l'Assemblée a dû être ajournée sans que tous les points à l'ordre du jour n'aient été traités. Au final, l'Assemblée générale a rejeté, par une courte majorité, la proposition du Comité exécutif. Par ailleurs, deux des quatre membres proposés par le Comité exécutif n'ont pas été élus. Selon Michel Hébert, cette Assemblée générale a été un moment important dans l'histoire du Syndicat.

La crise a mené à la création de clans dans le Syndicat, où pour une première fois, les élections au Comité exécutif ont été marquées par des coalitions s'apparentant à des partis politiques. Par exemple, en avril 2012, Michel Hébert, Jean-Carl Denis et Pascal Sergent s'étaient présentés en bloc afin de donner un coup de barre au syndicat. Ces trois candidats n'avaient pas été élus. Dans les différents syndicats de personnes chargées de cours, la constitution de blocs antagonistes est une situation malsaine qui peut accroître les tensions.

De plus, il a pu être constaté un roulement important des membres du Comité exécutif incluant des démissions. Certains considéraient qu'il existait un sentiment de peur à l'intérieur du Comité exécutif, la qualifiant même de clique. Gisèle Lafrenière, qui avait été secrétaire générale du SCCC-UQO pendant douze ans, a quitté le Comité exécutif en 2009. À cette époque, les tensions étaient énormes.

---

[51] Entretien avec Gérard Gratton.

> *C'était rendu des attaques personnelles. À l'époque, j'étais membre du Bureau*
> *fédéral de la FNEEQ et j'allais aussi aux Regroupements de la FNEEQ.*
> *Le Comité exécutif a pris la décision d'arrêter de payer pour que j'y aille. Ça a*
> *vraiment commencé à dégénérer. J'ai comme reçu un couteau dans le dos sans*
> *savoir ce qui s'était passé. J'ai essayé par tous les moyens de comprendre ce qui*
> *s'était passé.*

La « performance » des officiers syndicaux était alors davantage scrutée. Certains membres du Comité exécutif se voyaient reprocher de ne pas travailler suffisamment ou de ne pas respecter les délais. Il faut rappeler que, chez les personnes chargées de cours, il y a des personnes en simple emploi, des personnes en double emploi et des personnes retraitées. Souvent, ces trois catégories existent au Comité exécutif. Évidemment, tous n'ont pas les mêmes disponibilités, ce qui peut créer des frictions. Marc Aubé, qui n'était plus président à l'époque, avait son analyse de la situation :

> *J'avais un regard extérieur. Ce que je peux dire, c'est qu'avant, on ne disait*
> *rien quand quelqu'un ne faisait pas sa job. Tranquillement, ça a commencé à*
> *se dire. « Telle personne ne fait pas le travail pour la job où elle a été élue. Elle*
> *n'a pas son plein rendement ». Certaines personnes ont appris que leurs*
> *collègues leur reprochaient des trucs. C'est certain que ça crée une certaine*
> *zizanie[52].*

En plus des tensions au Comité exécutif et d'une position trop conciliante avec l'Employeur, des membres reprochaient une trop grande rémunération des officiers syndicaux. Ainsi, il n'y avait pas de politique de rémunération claire. Certains y voyaient donc une rémunération excessive.

> *On s'était toujours dit que, quand on était à l'Exécutif, il devait y avoir une*
> *partie rémunérée et une partie de bénévolat. Le syndicalisme, ça ne doit pas être*
> *pour la paie que tu fais ça. C'est plutôt pour l'intérêt que tu portes à la chose.*
> *Et là, on regardait les états financiers et on voyait que ça n'avait aucun sens. Je*
> *trouvais qu'il y avait dérapage. Le Syndicat était alors géré comme une*
> *business[53].*

---

[52] Entretien avec Marc Aubé.
[53] Entretien avec Gilles Pelletier.

En 2013, la crise a atteint son paroxysme. Caroline Cyr a alors défait le président sortant, Louis-Charles Sirois, par un vote serré. Caroline Cyr n'avait jamais été membre du Comité exécutif du SCCC-UQO. Elle siégeait toutefois au Conseil syndical et avait notamment été membre du Comité de négociation menant à une cinquième Convention collective. Elle avait aussi été élue représentante du SCCC-UQO au Conseil d'administration de l'UQO ainsi qu'au Comité universitaire d'intégration pédagogique.

Elle avait mené une campagne téléphonique en faisant du pointage. Toutefois, elle ne faisait pas partie d'une équipe qui voulait remplacer l'Exécutif en place. Ainsi, elle est arrivée seule dans un groupe qui lui était hostile. La greffe n'a donc pas pris avec le reste de l'Exécutif. Marc Aubé se souvient qu'elle est arrivée en affirmant qu'elle souhaitait « nettoyer le Syndicat », ce que les autres membres du Comité exécutif n'avaient pas digéré[54].

Ne se sentant pas appuyée, Caroline Cyr a décidé de démissionner. Luce Gilbert, vice-présidente à la Convention collective, assura l'intérim de la présidence pendant quelques mois. **Luce Gilbert** est devenue chargée de cours à l'automne 2003 et elle enseignait la terminologie. Ainsi, dès le trimestre suivant, elle était en grève. Elle s'est rapidement impliquée au SCCC-UQO, d'abord en se faisant élire à la Sous-Commission des études. Elle a par la suite été trésorière, agente de grief puis vice-présidente à la Convention collective. Bien qu'elle était cadre dans la Fonction publique fédérale, elle était sensibilisée au syndicalisme, car son mari avait été longtemps représentant syndical. De plus, son père était aussi syndiqué dans l'industrie minière à Thetford Mines et il avait fait grève à quelques reprises. D'ailleurs, Luce Gilbert connaissait le père de Renaud Paquet, qui était syndicaliste dans le secteur de l'amiante. Elle a fait partie de quatre comités de négociation.

La crise était si importante qu'elle menaçait la survie du SCCC-UQO. La FNEEQ a mandaté CRT Conseils afin de mener cette enquête. Ainsi, de nombreux membres du syndicat ont été questionnés sur la situation qui a mené à la crise. Le constat était clair : bien que personne ne remettait en question le principe de la syndicalisation, des clans stériles s'opposaient, ce

---

[54] Entretien avec Marc Aubé.

qui limitait la possibilité d'assurer une vie démocratique au syndicat. Ce rapport n'a blâmé personne directement. Il était d'ailleurs mentionné qu'il semblait que personne n'avait agi avec malveillance, et aucune irrégularité n'a pu être démontrée. Toutefois, des changements pourraient être apportés afin de diminuer l'opposition, favoriser la vie syndicale et améliorer la transparence du syndicat.

Le rapport a mentionné sept recommandations : adopter une politique de rémunération des officiers syndicaux; organiser des consultations afin de déterminer la nature des relations de travail souhaitée; encadrer les oppositions afin qu'elles puissent s'exprimer dans les instances du syndicat; adopter des mécanismes de résolution des conflits majeurs afin d'éviter leur judiciarisation; offrir une formation aux nouveaux militants syndicaux afin d'assurer la relève; planifier les activités syndicales afin de favoriser la participation du plus grand nombre; adopter une politique contre le harcèlement et pour promouvoir la civilité[55].

Ces recommandations ont toutes été mises en place durant les deux années qui ont suivi le dépôt du rapport. Elles ont certainement contribué à pacifier les débats au sein du syndicat tout en augmentant la participation aux différentes instances. Pour Michel Hébert et Marc Sarazin, membres fondateurs du Syndicat et critiques de la présidence de Louis-Charles Sirois, ce rapport marque un moment de refondation du syndicat.

Un Comité sur la rémunération a été mis en place afin de mieux encadrer les dépenses du syndicat. À partir de ce moment, un officier syndical ne pouvait plus recevoir une rémunération provenant des cotisations syndicales s'il recevait une libération syndicale payée par l'employeur. Cette politique a pu contribuer à pacifier les débats, car elle éliminait la suspicion de détournement de fonds. Rappelons toutefois que le Comité d'enquête de la CSN n'a jamais observé de détournements de fonds syndicaux.

À la suite de la démission de Caroline Cyr, le Syndicat devait organiser une Assemblée générale extraordinaire afin d'élire une nouvelle personne à la présidence. Luce Gilbert, qui assurait l'intérim, n'avait jamais été intéressée

---

[55] CRT CONSEILS, *Climat et relations au sein du Syndicat des chargées et chargés de cours de l'Université du Québec en Outaouais*, Montréal, 28 avril 2014, 20 pages.

à briguer la présidence. Plusieurs pensaient à l'époque que Louis-Charles Sirois allait se représenter. Toutefois, les tensions étaient telles qu'il a souhaité prendre ses distances. Ainsi, cette crise a mené au retour de Marie-Josée Bourget à la présidence du SCCC-UQO. Certains membres, qui provenaient majoritairement de l'opposition, sont allés la voir à plusieurs reprises afin de la solliciter pour un retour. On l'avait d'ailleurs sollicitée aux élections d'avril 2013, élections qui avaient mené à l'élection de Caroline Cyr. Elle avait alors refusé, considérant qu'elle croyait que la vie syndicale était derrière elle.

Marie-Josée Bourget a toutefois changé d'idée une fois que la crise a éclaté. Comme il y avait vacance à la présidence, une Assemblée générale extraordinaire a été convoquée en septembre 2013. Elle avait une grande crédibilité et elle s'était mise en retrait des conflits précédents, ce qui pouvait favoriser un ralliement des membres pour assurer un leadership en ce temps de crise.

2.4 Un syndicat plus mature

La crise de 2013 et surtout sa résolution ont paradoxalement eu un effet positif sur la santé du Syndicat. Elles ont permis notamment de constater la faible participation dans les instances syndicales. Selon Marc Sarazin, le SCCC-UQO est ressorti plus fort de la crise.

Une des principales suites au rapport d'enquête est la plus grande participation aux instances syndicales. En mars 2018, il y avait 55 personnes chargées de cours qui avaient des mandats syndicaux et qui siégeaient au Conseil syndical du SCCC-UQO, ce qui est considérable pour un syndicat de petite taille[56].

Un syndicat uni est un syndicat plus fort, qui est davantage apte à exercer un rapport de force. Toute l'énergie investie dans les luttes internes a pu être redéployée afin d'améliorer les conditions de travail des personnes chargées de cours.

---

[56] SCCC-UQO, Le Conseil syndical s'agrandit, 27 mars 2018, http://www.sccc-uqo.ca/2018/03/27/le-conseil-syndical-du-sccc-uqo-sagrandit/.

CHAPITRE 3 : LE TRAVAIL SYNDICAL

L'Université du Québec à Hull n'a jamais été considérée comme une université radicale. Elle n'avait alors jamais connu de conflits de travail majeur ni de grèves étudiantes importantes dans les années 1980 et 1990. D'ailleurs, exception faite du secteur de l'allumette ou du secteur du bois où trois grévistes sont morts à Buckingham en 1906, la région n'était pas connue comme une de conflits ouvriers. Pourtant, en 1922, c'est à Hull que la CSN a été fondée. Dans le monde du travail, la CSN est souvent perçue comme un syndicat plus combatif. Ainsi, la syndicalisation des personnes chargées de cours en 1992 et 1993 a créé une petite révolution dans une petite institution où tout le monde se connaît. Serge Julien se souvient des pratiques conservatrices de la petite université de l'Outaouais.

> *Je ne veux pas être méchant, mais c'était Hull. Il n'y a pas de tradition de syndicalisme très dur. À l'UQAH, je voyais surtout une volonté de ne pas changer leur fonctionnement. Ce n'était pas une grosse université. Il n'y avait pas beaucoup de conflits avec les étudiants. Ils se sont mis en mode défensif plus qu'en mode attaque contre le Syndicat. Ils n'étaient pas dans le vocabulaire agressif, mais ils étaient très lents à répondre à nos propositions. J'avais l'impression qu'ils ne comprenaient pas toujours ce que ça voulait dire[57].*

---

[57] Entretien avec Serge Julien.

Le travail syndical prenait les couleurs de la région. Certaines questions peuvent être délicates chez les membres, telles que la question nationale. La « guerre linguistique de l'UQO » qui sera relatée plus tard, en est un exemple. En somme, l'UQO, ce n'est pas l'UQAM. À l'opposé, les personnes chargées de cours de l'UQO n'ont jamais hésité à voter pour la grève. Tous les votes de grèves générales illimitées ont été adoptés à plus de 90 %. En somme, les chargées et chargés de cours de l'UQO ne sont pas particulièrement radicaux d'un point de vue politique, mais elles sont déterminées à se faire respecter par leur employeur.

3.1 Les relations de travail

Les trois premières négociations de conventions collectives se sont faites difficilement. La première a duré quatre ans. La seconde a duré deux ans et demi et a été marquée par un mandat de grève non exercé. La troisième a été marquée par une grève générale de trois semaines. Paradoxalement, à cette époque, les relations de travail étaient plutôt bonnes. Le doyen de la gestion académique de l'époque, André-Jean Pelletier, était réputé pour être un bon conciliateur.

> *André-Jean, c'était un bon bonhomme. Avec lui, on réglait tous les griefs sans aller en arbitrage. Pendant qu'il a été là, sincèrement, ça a été assez facile d'exercer mon rôle de vice-président à la convention collective[58].*

Fait étrange, le départ à la retraite d'André-Jean Pelletier a été souligné dans le journal *Le Papier*. Rares sont les patrons qui ont eu un tel hommage de la part d'un syndicat:

> *Quiconque a eu à négocier avec André-Jean sait l'importance d'être préparé, de bien monter ses dossiers et de bien connaître la Convention collective ainsi que les liens entre les différentes clauses. Sinon, la cause est tout simplement perdue d'avance. Entre autres, André-Jean connaît la signification de négocier qui implique : écouter l'autre, le comprendre, arriver à un compromis et finalement, à une entente ainsi que surtout, respecter cette entente. Voilà pourquoi l'Université perd un gros morceau. Bonne chance André-Jean dans cette*

---

[58] Entretien avec Marc Sarazin.

> *nouvelle période de ta vie! Entreprends ton job de retraité avec autant de professionnalisme que celui effectué à l'UQO, et ce sera une réussite[59]!*

Les négociations sont au centre de cet ouvrage. Toutefois, les relations de travail se vivent au quotidien. Le principal rôle d'un syndicat est de veiller au bon respect de la convention collective. Il arrive souvent que cette convention ne soit pas respectée pour plusieurs raisons : différentes interprétations des textes, difficultés de mettre au pas des départements, événements non conventionnés, etc. Dans l'histoire du SCCC-UQO, il y a eu des périodes où les relations de travail étaient bonnes, et d'autres où elles étaient mauvaises. Les pires années ont été 2016 et 2017. Presque la moitié des griefs déposés dans l'histoire du SCCC-UQO l'ont été pendant ces deux années. Toutefois, en 2018, 42 griefs ont été réglés en Commission de relations de travail extraordinaire.

Certains dossiers ont demandé un engagement important du Syndicat. De toutes les luttes menées hors négociation, celle pour défendre les personnes chargées de cours en sciences de l'éducation en 2015 a été mémorable. À l'époque, ce département avait voulu imposer comme exigence de qualification d'avoir enseigné dans une école primaire ou secondaire dans les cinq dernières années. En effet, l'agrément du ministère de l'Éducation du Québec devait être renouvelé et le programme devait évoluer. Le résultat était le « licenciement déguisé » de la majorité des personnes chargées de cours du département[60]. Plusieurs personnes chargées de cours en sciences de l'éducation occupaient un poste de direction d'école ou étaient retraitées, ce qui les disqualifiait.

Le SCCC-UQO s'était alors mobilisé pour défendre le droit à l'emploi de ces personnes. Des affiches et des accroche-portes avaient été imprimés. De plus, le Syndicat avait fait des sorties médiatiques afin d'augmenter la pression. « On jette nos membres à la poubelle », avait alors déclaré la présidente Marie-Josée Bourget. Bref, des moyens de pression typiques d'une négociation avaient été utilisés dans le cadre d'un grief. Au final, une

---

[59] BOURGET, Marie-Josée, « Au revoir, André-Jean », *Le Papier*, décembre 2006.

[60] MERCIER, Justine, « Congédiements déguisés à l'UQO », Ottawa, *Le Droit*, 20 mai 2015.

entente négociée est intervenue. Une formation rémunérée a été créée afin que les personnes chargées de cours du département puissent continuer à offrir les cours[61].

3.2 La négociation

Sur sept négociations, trois ont mené à des votes de grève générale illimitée. Les quatre autres négociations ont été réglées sans avoir recours à ce moyen ultime. La première négociation (1996) a été traitée au chapitre un. Les négociations pour une seconde (1999), une troisième (2003) et une septième (2017) convention collective, qui ont fait l'objet d'un mandat de grève, seront traitées au chapitre quatre.

Les deux premières négociations ont été longues. Le jeune syndicat n'était pas encore pris au sérieux. De plus, les personnes chargées de cours et professeures négociaient en même temps. Considérant que les comités patronaux étaient souvent composés des mêmes personnes pour ces négociations parallèles, la priorité était souvent donnée aux profs par l'UQAH. De plus, les clauses salariales étaient généralement les plus difficiles à négocier et à arriver à une entente.

Ce sont trois présidente et présidents différents du SCCC-UQO qui allaient diriger les négociations menant vers une quatrième, cinquième et sixième convention collective : Marc Aubé, Louis-Charles Sirois et Marie-Josée Bourget. La grève de 2004, qui avait marqué les esprits, allait probablement contribuer à des négociations apaisées. Par ailleurs, considérant les gains considérables obtenus en 2004, qui avaient contribué à rattraper les retards du SCCC-UQO face aux autres syndicats de personnes chargées de cours, les enjeux étaient moins grands lors de ces négociations. Avant d'entamer la négociation de la quatrième Convention collective (2007), Marc Aubé, président du SCCC-UQO, écrivait ses craintes dans le *Papier* :

> *Jamais dans l'histoire du Syndicat, il n'y a eu autant de griefs et d'arbitrages que depuis la signature de la nouvelle Convention collective. L'Employeur gruge*

---

[61] MERCIER, Justine, « Une entente met fin au conflit avec les chargés de cours », Ottawa, *Le Droit*, 5 juin 2015.

> *son espace d'action. Étant donné le résultat défavorable des deux arbitrages en 2006, dont un qui concerne directement le mode d'attribution (article 9 de la CC), nous devrons mieux circonscrire le champ d'action de l'Employeur afin de réduire les interprétations possibles et divergentes[62].*

Pourtant, à l'époque, cette négociation pour une quatrième convention collective avait bien été menée. L'UQO souhaitait régler rapidement cette négociation et savait que le SCCC-UQO était susceptible de faire la grève. Toutefois, le fonds de grève était à sec. Un conflit de travail aurait demandé un effort supplémentaire aux membres.

La négociation pour une cinquième Convention collective (2010), menée par Louis-Charles Sirois, s'était faite dans le calme. Certaines actions de visibilités avaient été faites. Le slogan de mobilisation était « UQO, reconnais-moi à ma juste valeur », parodie de la campagne de l'UQO « Sois reconnu ». Des affiches mettant en vedette trois piliers du SCCC-UQO, Marc Sarazin, Caroline Gagnon et Marie-Josée Bourget, avaient été produites sous ce thème. De plus, dans la période précédant Noël, des personnes chargées de cours étaient allées distribuer des poinsettias aux cadres de l'UQO ainsi qu'à leurs adjointes. Selon Louis-Charles Sirois, cette négociation s'était faite de manière cordiale.

> *Les négociations qui l'ont caractérisée furent parmi les plus courtes de l'histoire du SCCC-UQO. Le ton des discussions des deux parties est toujours resté respectueux et civilisé. Chacun, chacune a su défendre les points qu'il jugeait importants, toujours avec professionnalisme[63].*

La négociation pour une sixième Convention collective (2014) a, quant à elle, était la plus courte dans l'histoire du Syndicat. Six mois ont suffi pour que l'entente de principe soit ratifiée. C'est Marie-Josée Bourget qui menait cette négociation. Un règlement honorable a donc pu être obtenu sans trop de difficultés.

---

[62] AUBÉ, Marc, « Serons-nous les dindons de la farce ? », *Le Papier,* décembre 2006.

[63] SIROIS, Louis-Charles, « Une fin agréable aux négos! », *Le Papier,* printemps 2012.

> *Ces augmentations nous permettront de demeurer parmi les personnes chargées de cours les mieux rémunérées au Québec. Toutefois, nous n'en sommes toujours pas à l'équité avec nos collègues professeurs pour leurs tâches d'enseignement[64].*

Nous avons insisté, jusqu'à présent, sur le travail effectué par les comités de négociation et de mobilisation. Cependant, c'est l'Assemblée générale qui doit démocratiquement entériner les ententes de principe ainsi que de donner des mandats de grève. Ce vote des membres est loin d'être qu'une formalité. Cependant, dans l'histoire du SCCC-UQO, toutes les ententes de principes ont été entérinées par l'Assemblée générale. Marc Sarazin, qui a fait partie de plusieurs comités de négociation, avoue avoir parfois voté contre l'entente de principe qu'il avait lui-même négocié. Il ne souhaitait pas envoyer à l'employeur le message que son offre était trop bonne.

> *Ce n'est pas bon si une entente est votée à 100 %. On envoie le message que l'UQO nous en a trop donné. Si on vote à 92 %, on envoie le message que certaines personnes en auraient demandé plus. Moi, j'ai toujours voté contre les ententes de principe même si parfois, j'étais pour[65].*

3.3 La communication

À la FNEEQ, la composition de chacun des comités exécutifs revient aux syndicaux locaux. Chose rare pour un petit syndicat, dès le départ, un poste à la vice-présidence à l'information et à la mobilisation (devenue par la suite vice-présidence aux communications) a été créé. Ainsi, la communication aux membres et la communication médiatique ont toujours été considérées comme primordiales par le Syndicat.

Le journal *Le Papier* a été longtemps l'organe de communication. Le premier numéro est paru en mars 1993, c'est-à-dire avant l'obtention de l'accréditation syndicale. Au début, le syndicat n'avait pas de bureau à l'université. C'est dans le sous-sol de la secrétaire générale du SCCC-UQAH, Johannes Martin Godbout, qu'était rédigé et mis en page le journal *Le Papier*. Rappelons que cette dernière avait été éditorialiste au journal *Le*

---

[64] *Le Droit*, 27 juin 2014.

[65] Entretien avec Marc Sarazin.

Droit pendant de nombreuses années. Il faisait en moyenne douze pages, et chaque membre de l'Exécutif devait y contribuer.

> *C'était un journal bien apprécié par nos membres. Ce n'était pas seulement pour nos membres ; on en distribuait partout, notamment sur les tables de la cafétéria. On voulait que les profs et l'administration le voient.*

Les officiers syndicaux avaient, pour la plupart, étudié aux cycles universitaires supérieurs. La rédaction d'articles n'était pas une tâche trop difficile. Néanmoins, *Le Papier* demandait beaucoup de temps à des personnes qui n'étaient pas formées pour le faire. Il fallait apprendre à travailler avec des outils informatiques qui étaient moins efficaces et intuitifs que ceux d'aujourd'hui. Il fallait communiquer avec les imprimeurs pour demander des devis. De plus, l'impression et la distribution entraînaient des frais importants pour le Syndicat.

À certaines époques, on trouvait des articles plus engagés. En 1997, Michel Hébert y dénonçait la politique du déficit zéro du gouvernement Bouchard. La loi 104 permettait aux organismes parapublics de réduire la masse salariale afin d'assurer les compressions budgétaires. Cette loi aurait pu avoir un impact direct sur la négociation qui s'amorçait à l'époque[66]. Dans le même numéro, Jo Ann Lévesque évoquait l'autophagie dans les mutations économiques d'alors. Un meilleur partage de l'emploi était ressorti du Sommet économique et elle se questionnait comment, à l'UQAH, les personnes en double emploi, par définition favorisées, pouvaient mieux partager le travail avec les personnes en simple emploi[67].

À toutes les époques, les communications du SCCC-UQO ont pu servir à expliquer les droits des personnes chargées de cours ainsi que d'expliquer certaines procédures qui paraissaient complexes pour plusieurs. Dès la première convention collective, il fallait expliquer la différence entre l'attribution régulière et l'attribution par anticipation, c'est-à-dire lorsqu'un cours est créé ou rendu disponible après la période régulière d'affichage[68].

---

[66] HÉBERT, Michel, « La nuit des longs couteaux », *Le Papier*, avril 1997.

[67] LÉVESQUE, Jo Ann, « L'autophagie et le partage de l'emploi », *Le Papier*, avril 1997.

[68] BOURGET, Marie-Josée, « La mise en candidature par anticipation », *Le Papier*,

Dans le même numéro de novembre 1997, Gisèle Lafrenière expliquait le nouveau programme d'intégration pédagogique et Gilles Pelletier faisait de même pour le programme de perfectionnement.

Enfin, *Le Papier* a pu aussi diffuser des avis de convocation aux Assemblées générales. À l'époque, tous n'avaient pas accès à une adresse de courriel. Le journal ainsi que les avis de convocation étaient diffusés par voie postale, ce qui entraînait des coûts importants. Ainsi, *Le Papier* était généralement diffusé avant les AG, en même temps que l'avis de convocation, afin de diminuer les coûts.

Le Papier était le plus souvent diffusé de deux à trois fois par année. Une réforme majeure a eu lieu en 2009, où il a été décidé que la majorité de l'information syndicale allait être transmise par courriel. Cette nouvelle pratique permettait de réduire les coûts et l'empreinte écologique tout en développant une communication plus régulière. À partir de ce moment, *Le Papier* allait paraître une fois par année, vers le mois d'avril, afin de diffuser le rapport annuel du Comité exécutif [69]. C'est en avril 2013, lorsque Ghyslaine Lévesque était vice-présidente aux communications, qu'est paru le dernier numéro du *Papier*. Les infolettres et le courriel allaient remplacer totalement l'ancien journal sous la vice-présidence de Marc Aubé. Ces infolettres permettaient une parution plus régulière ainsi qu'une transmission de l'information plus rapide et moins coûteuse. Cette infolettre a pris le nom d'*Info SCCC-UQO* en 2017 lorsque Nicolas Harvey était vice-président aux communications. Cette nouvelle mouture intégrait davantage l'image et était générée par le site Internet.

Un premier site Web a été créé en 1997. Il a été conçu par des étudiants du Cégep de l'Outaouais. Au départ, la rédaction Web était complexe et la mise à jour du site se faisait rarement. Les deux premiers documents à avoir été mis en ligne ont été la Convention collective ainsi que les Statuts et règlements du jeune syndicat [70]. Le contenu du site Internet a

---

novembre 1997.

[69] SIROIS, Louis-Charles, « Rapport du mandat de la présidence du Syndicat », *Le Papier*, avril 2010.

[70] *Le Papier*, novembre 1997.

progressivement évolué. En 2009, le SCCC-UQO est devenu autonome de l'Université en faisant l'acquisition de son propre nom de domaine et de son hébergeur. Marc Aubé, ancien président, a fait pour l'occasion une refonte du site Internet.

En 2017, lorsqu'un vote de grève était imminent, le SCCC-UQO avait également décidé de créer de nouvelles adresses de courriel avec le nom de domaine du Syndicat. L'objectif premier était de démontrer à l'Employeur que le SCCC-UQO se préparait à la grève. Ne plus employer les moyens de communication de l'UQO avait aussi été décidé afin de garantir la confidentialité des dossiers, notamment en matière de griefs, d'arbitrages et de conditions médicales des membres. Au même moment, le SCCC-UQO a cessé d'utiliser le matériel informatique de l'Université pour acquérir son propre matériel, toujours pour des raisons de confidentialité.

Le communiqué de presse a aussi été un moyen de communication privilégié dès la création du Syndicat. Les relations de presse ont existé surtout pendant les négociations ainsi que pendant le conflit de 2015 entourant les EQE au Département des sciences de l'éducation. Toutefois, c'est à la suite des votes de grève des deuxième, troisième et septième négociations où le SCCC-UQO a été le plus couvert. Se situant dans une région à forte concurrence, avec quatre universités, les sorties médiatiques sont de puissantes armes pour établir un rapport de force.

Le graphisme a toujours fait partie de la signature du SCCC-UQO. Rosaura Guzman Clunes et Ghyslaine Lévesque, toutes deux graphistes, ont été vice-présidentes aux communications. La qualité du graphisme fait partie de l'identité du Syndicat, tout comme le dessin. Dès la première parution du *Papier*, plusieurs dessins originaux conçus par une étudiante, Sylvie Chartrand, étaient diffusés. D'autres dessinateurs se sont succédé.

C'est Paul Roux et Réal Godbout, chargés de cours à l'École multidisciplinaire de l'image, qui ont le plus marqué l'iconographie du Syndicat, notamment par des dessins d'affiches pendant les négociations. Ces bédéistes de réputation internationale ont permis de donner une touche humoristique pendant ces négociations. En 2018, le SCCC-UQO remporta un prestigieux prix à la conférence de l'Association canadienne de la presse syndicale qui se tenait à Halifax. Une affiche conçue par Ghyslaine

Lévesque avec un dessin de Réal Godbout remporta le prix de la meilleure affiche.

3.4 Gérer les conflits

Il peut y avoir des divergences dans tout syndicat, que ce soit dans le cahier de demandes syndicales ou dans l'adoption d'un budget. Nous avons déjà abordé, au chapitre 2, la période de crise qui a mené à la démission de Caroline Cyr et à l'enquête commandée par la CSN. Outre cette période, le SCCC-UQO n'a pas connu de conflits majeurs. Cette situation est probablement due au fait que le Syndicat n'a jamais vraiment fait de politique.

Néanmoins, il y a déjà eu des questions politiques qui sont venues interférer dans les questions syndicales, ce qui a pu amener des débats. La grève de 2012, qui sera traitée au chapitre 4, en est un bon exemple. La population québécoise était divisée sur la question tout comme les membres du Syndicat. Une Assemblée générale houleuse s'est soldée par l'appui à la lutte étudiante.

La question linguistique a aussi marqué l'histoire du SCCC-UQO. Au début des années 2000, l'UQO a décidé d'offrir une maîtrise en gestion de projet entièrement en langue anglaise. Pour certains membres de la communauté universitaire, l'UQO devait rester une université de langue française, car telle en était sa mission. Rappelons que le conflit se déroulait dix ans après le référendum de 1995 et en plein cœur du Scandale des commandites. Pour d'autres, l'UQO devait inclure l'anglais dans ses programmes afin de concurrencer les universités d'Ottawa. Ces différentes positions, qui recoupent en partie celle de la question nationale, ont pu diviser les membres et engendrer des débats soutenus dans les instances du syndicat. De plus, abandonner ces programmes pourrait faire perdre des charges de cours à certains membres.

Cette question a considérablement divisé les membres du SCCC-UQO. Le 5 février 2007, une proposition avait été amenée en Assemblée générale extraordinaire :

> *Il est proposé que le Syndicat prenne tous les moyens possibles afin de préserver les emplois menacés par l'adoption éventuelle de la nouvelle politique linguistique telle qu'elle a été proposée par le Conseil d'administration de l'UQO.*

Fait inusité, les membres se sont partagés équitablement entre ceux qui étaient favorables et ceux qui étaient défavorables. Comme il faut une majorité de 50 % + 1 pour qu'une résolution soit adoptée, elle a été déclarée rejetée. À l'époque, le président du SCCC-UQO, Marc Aubé, avait recommandé que le Syndicat ne prenne pas position officiellement dans le débat, mais que les personnes chargées de cours puissent intervenir individuellement[71]. Au final, l'UQO a adopté une politique linguistique qui affirmait son caractère francophone et qui abolissait les programmes en anglais.

3.5 L'intersyndicalisme

Les relations avec d'autres syndicats font partie du travail des officiers syndicaux du SCCC-UQO. Les deux principaux lieux d'échanges du SCCC-UQO sont la FNEEQ et l'Intersyndicale de l'UQO (ISUQO). Les relations avec d'autres syndicats sont plus occasionnelles et relèvent généralement de conflits de travail.

En 2018, les cotisations syndicales sont fixées à 3 % du salaire des chargées et chargés de cours, montant qui est déductible d'impôts. Le SCCC-UQO en garde 1,68 % et le restant est réparti entre la CSN, la FNEEQ et les Conseils centraux de l'Outaouais et des Laurentides. En échange, ces instances, en plus d'être des lieux de délibération démocratique et d'agir comme groupe de pression, offrent une série de services aux syndicats membres. Conseillers en négociation et mobilisation, appui à la communication, formations collectives et fonds de grève sont quelques exemples de services offerts aux syndicats locaux. C'est en période de négociation, voire en période de grève, que l'appui de la centrale syndicale se fait le plus sentir. Un conseiller est alors à la table en soutien aux membres du Comité de négociation syndical. Un autre conseiller est présent

---

[71] Procès-verbal de l'Assemblée générale du SCCC-UQO, 5 février 2007.

aux réunions du Comité de mobilisation. À l'extérieur des négociations, un conseiller vient appuyer la vice-présidence à la Convention collective dans la gestion des griefs et des arbitrages.

Ces différentes instances sont par ailleurs des lieux démocratiques. Aux conseils centraux, ce sont les enjeux régionaux qui sont abordés. De plus, ils constituent un lieu privilégié pour comprendre la situation d'autres travailleuses et travailleurs appartenant à différents secteurs d'activités. C'est toutefois à la FNEEQ, qui compte des syndicats de personnes chargées de cours, de professeures et de professeurs de cégep ainsi que d'enseignantes et d'enseignants d'écoles privées que le SCCC-UQO a de tout temps été plus impliqué. À l'intérieur de la FNEEQ, un regroupement de personnes chargées de cours se réunit environ six fois par année. C'est dans ce regroupement que l'on compare les situations dans les différentes universités et que l'on élabore des demandes syndicales communes. Lorsqu'un syndicat réussit à faire un gain dans une négociation, il tracera la voie aux autres.

Plusieurs campagnes ont été menées par le Regroupement université de la FNEEQ. Ces campagnes touchaient l'ensemble des personnes chargées de cours au Québec. Par exemple, en 2013, la FNEEQ s'était mobilisée contre la réforme de l'assurance-emploi déployée par le gouvernement Harper. Cette réforme limitait le recours fréquent à l'assurance-emploi, ce qui pouvait pénaliser les personnes chargées de cours qui recouraient à cette assurance pendant les mois d'été[72]. Comme il a été mentionné au chapitre 1, pour certaines personnes en simple emploi, la charge de cours peut être associée à un emploi saisonnier, et cette réforme allait rendre plus difficile l'obtention d'allocations aux bénéficiaires réguliers.

En 2015, c'est contre les compressions budgétaires dans l'enseignement supérieur du gouvernement Couillard que le Regroupement s'est mobilisé. Ces compressions avaient un impact direct sur l'offre de cours : elles faisaient perdre du travail aux personnes chargées de cours et diminuaient la qualité des conditions de travail en augmentant la moyenne d'étudiantes et

---

[72] FNEEQ, « Réforme de l'assurance-emploi - Les chargées et chargés de cours des universités se mobilisent », communiqué de presse du 25 avril 2013.

d'étudiants dans les cours[73]. Considérant que les professeures et professeurs réguliers ont des cours garantis, ce sont les personnes chargées de cours qui subissent principalement les conséquences de la diminution de l'offre de cours.

L'Intersyndicale de l'UQO (ISUQO) est le second lieu le plus investi par le SCCC-UQO. Comme nous le verrons au chapitre 5, les relations entre le SCCC-UQO et le Syndicat des professeures et professeurs de l'UQO (SPUQO) n'ont pas toujours été bonnes. Il existe des intérêts objectivement divergents entre ces deux corps de métier, notamment en ce qui concerne la gestion des départements. Pendant la campagne de syndicalisation en 1992, le Syndicat des professeurs de l'UQAH avait tenté de dissuader les personnes chargées de cours d'y aller de l'avant. Denis Marcoux se souvient d'une rencontre avec le président du Syndicat des profs.

> *Quand les rumeurs sont parties comme quoi on voulait fonder un syndicat, le Syndicat des profs nous a interpellés. Ils [sic] nous ont fait comprendre qu'on allait jouer dans leurs plates-bandes. Leur président était un paternaliste de la pire espèce. Il nous a invités à souper pour nous dire : « ça n'a pas de bon sens ». Il ne nous comprenait pas. On avait été polis, mais, dans les faits, on l'avait envoyé paître. (...) Le président du syndicat des profs donnait des charges de cours en extra. Il donnait jusqu'à huit charges en appoint.*

Cette opposition des profs s'est donc manifestée de manière informelle. Toutefois, il ne semble pas que ce syndicat ait véritablement agi pour empêcher la syndicalisation des personnes chargées de cours.

> *Au début, ils nous voyaient venir d'un mauvais œil, mais ils s'y sont faits. Ils ne nous ont pas mis les bâtons dans les roues. Ils ont essayé de nous décourager au moment de l'accréditation. C'était une bataille de chasse gardée. Ils avaient peur qu'on joue dans leurs plates-bandes[74].*

---

[73] FNEEQ, « Les chargées et chargés de cours de l'ensemble du Québec dénoncent les compressions dans les universités », communiqué de presse du 5 octobre 2015.

[74] Entretien avec Johannes Martin Godbout.

Une fois l'accréditation obtenue, la relation entre les deux syndicats enseignants de l'UQAH était cordiale, mais distante. Selon Richard Perron, elles étaient « pas si pires » :

> *J'avais une relation assez bonne avec le président du Syndicat des profs. Cependant, je me méfiais toujours un peu. Je voyais bien qu'il y avait des sujets où nous ne serions jamais d'accord. Ils défendaient leur pain et leur beurre ainsi que leur sacro-sainte autonomie. Parfois, j'étais d'accord avec l'Université pour essayer de coincer les profs, mais il fallait être prudents[75].*

Les relations entre les deux syndicats se sont améliorées de manière importante en 2008. À l'époque, une revendication commune sur la taille des groupes avait été établie, ce qui amena une première dans une université québécoise : une lettre d'entente entre trois parties. Par la suite, une Intersyndicale regroupant cinq syndicats d'employées et d'employés ainsi que l'Association générale étudiante (AGE-UQO) a été mise en place. C'est à partir de 2009 que cette Intersyndicale a commencé à siéger sur une base régulière, c'est-à-dire environ une fois par mois. Outre la lettre d'entente, une première action commune a été d'organiser un dîner pizza et une conférence de presse le 30 septembre 2009 pour dénoncer les projets de loi 38 et 44 qui réformaient la gouvernance des cégeps et universités[76].

Dans certains contextes, seuls certains syndicats ont décidé de s'unir afin de faire une action commune. C'est le cas en décembre 2017 où le SCCC-UQO, le SPUQO ainsi que le Syndicat des étudiantes et étudiants salariés (SEES-UQO) ont décidé de retirer leurs représentantes du comité consultatif de lutte contre les violences sexuelles. Ces organisations syndicales considéraient que le comité manquait de transparence et critiquaient son fonctionnement. Par ailleurs, ces trois syndicats s'étaient entendus sur un communiqué de presse commun, qui a bien été couvert par les médias[77]. Ces trois mêmes syndicats, accompagnés de l'Association

---

[75] Entretien avec Richard Perron.

[76] SIROIS, Louis-Charles, « Rapport du mandat de la présidence du Syndicat », *Le Papier*, printemps 2010.

[77] NADEAU, Jessica, « Bisbille au sein du comité contre les violences sexuelles de l'UQO », Montréal, *Le Devoir*, 14 décembre 2017.

générale étudiante (AGE-UQO), ont décidé de boycotter une consultation sur les violences sexuelles en mai 2018. Encore une fois, cette action a bien été couverte dans les médias. Marie-Josée Bourget, présidente du SCCC-UQO, s'était même rendue à Montréal pour une entrevue en direct sur la chaîne LCN.

Depuis 25 ans, les relations avec l'AGE-UQO ont toujours été bonnes. Toutefois, les élections font en sorte qu'il y a un roulement important chez leurs représentantes et représentants. La conséquence est que le dialogue entre le SCCC-UQO et l'AGE-UQO ne connaît pas une constante intensité.

Il y a eu plusieurs moments de solidarité avec les associations représentatives étudiantes. Dès 1995, l'Assemblée générale du SCCC-UQAH donne son appui à l'AGE-UQAH afin de maintenir la pratique de dactylographier les commentaires des étudiantes et étudiants dans l'évaluation des enseignements. En effet, auparavant, afin de maintenir l'anonymat des commentaires, des adjointes retranscrivaient tous les commentaires. Dans le contexte de coupes budgétaires, l'Université avait décidé unilatéralement de mettre fin à cette pratique et l'AGE allait monter aux barricades[78].

Lorsque le gouvernement Charest a voulu réformer le programme de prêts et bourses en 2005 et en 2006, un mouvement de grève nationale s'est mis en route. À l'époque, le SCCC-UQO avait appuyé les revendications étudiantes. Au contraire, le Syndicat des profs (SPUQO) et son président, Lucien Boucher, n'avait pas offert leur appui. Marie-Josée Bourget, présidente du SCCC-UQO, avait alors dénoncé le manque de solidarité syndicale :

> *C'est dommage de constater le peu d'empathie dont fait preuve le syndicat des professeurs. (...) Le syndicat des chargés de cours appuie le débrayage des étudiants et les encourage à se mobiliser, dit-elle. Le combat des étudiants est*

---

[78] Procès-verbal de l'AG du SCCC-UQAH, 5 avril 1995.

juste, d'autant plus que seulement 900 étudiants sur les 5500 de l'établissement profitent des bourses[79].

3.6 Le service aux membres

Le Syndicat, c'est aussi un secrétariat où des membres téléphonent pour avoir de l'aide ou des conseils. Au centre de ce secrétariat se trouve l'adjointe administrative. Dès 1996, avant même la signature de la première convention collective, le SCCC-UQAH engage sa première adjointe à temps partiel. Le jeune syndicat avait alors bénéficié du Fonds d'entraide intersyndical du Regroupement de la FNEEQ ainsi que d'un programme gouvernemental d'accès à l'emploi de personnes vivant avec un handicap pour engager sa première employée.

Les membres syndiqués contactent généralement leur syndicat lorsqu'il leur arrive un problème avec soit une direction de département, soit le Décanat de la gestion académique. De tous ces dossiers, trois reviennent régulièrement et accaparent la majorité du temps de la vice-présidence à la convention collective : les évaluations de l'enseignement, les exigences de qualification de l'enseignement (EQE) et l'attribution des cours.

D'abord, l'évaluation des enseignements faite par les étudiantes et étudiants est susceptible d'amener des sanctions de l'Employeur, allant jusqu'au retrait du droit de donner un cours et même jusqu'au licenciement pour une personne en période de probation. Le SCCC-UQO a toujours milité pour que cette évaluation soit faite surtout à des fins formatives. Il a par ailleurs toujours soutenu que le contexte d'enseignement doit être pris en compte avant qu'une évaluation soit jugée insatisfaisante : nombre d'étudiantes et d'étudiants, heure du cours, caractéristique du local, présence d'étudiantes et d'étudiants à besoins particuliers, etc. Lorsqu'une évaluation est jugée insatisfaisante, la direction de département doit également proposer des outils pédagogiques pour remédier à la situation. Dans un article de 1997,

---

[79] BÉLANGER, Mathieu, « Les chargés de cours déçus de l'attitude des professeurs de l'UQO », Ottawa, *Le Droit*, 24 mars 2005.

Marie-Josée Bourget disait « oui à l'évaluation bien faite [80] ». Jo Ann Lévesque, alors vice-présidente à l'information, résumait bien la perception de plusieurs personnes chargées de cours.

> *Qui d'entre nous n'a pas déjà eu une mauvaise évaluation de son enseignement? Accompagnée d'une lettre du directeur ou d'une directrice du département qui vous invite à lire attentivement les remarques des étudiants lesquelles, une fois lues, vous laissent pantois et sans paroles. S'en suit une gamme d'émotions qui en amènent certains à se remettre en question ou qui en conduisent d'autres à pester contre un processus d'évaluation qui ne rend pas justice à l'effort mis dans l'ensemble des activités reliées à l'enseignement [81].*

En second lieu, le refus d'accorder des EQE est un motif de mécontentement. À la base, l'EQE servait à enlever l'arbitraire de l'attribution des cours. Une fois qu'une personne se voit reconnaître ses compétences, l'attribution des cours se fait par une règle mathématique. Toutefois, l'évaluation des dossiers de demandes d'EQE relève du corps professoral et comporte une partie d'arbitraire. De plus, le retrait d'EQE amené par une réforme de programme est susceptible de léser certains membres. Nous avons déjà traité, dans ce chapitre, de la lutte syndicale pour maintenir les EQE en science de l'éducation en 2015.

Troisièmement, l'attribution des cours a parfois posé problème dans certains départements. Des erreurs peuvent avoir comme conséquence de retirer du travail à certains. Depuis plusieurs années, le SCCC-UQO révise toutes les attributions et relève régulièrement des erreurs.

---

[80] BOURGET, Marie-Josée, « Oui à l'évaluation bien faite », *Le Papier*, novembre 1997.

[81] LÉVESQUE, Jo Ann, « L'évaluation ou l'appréciation de l'enseignement », *Le Papier,* automne 1999.

Nicolas Harvey

CHAPITRE 4 : LA GRÈVE

Le conflit de travail fait partie de l'identité d'un syndicat. Il est susceptible d'unir ses membres tout comme de les diviser. C'est un moment fort de l'action collective qui reste gravé dans les mémoires. De son histoire, le SCCC-UQO a obtenu trois mandats de grève. Toutefois, seul un a été exercé en 2004. Ces trois mandats ont été obtenus sous la présidence de Marie-Josée Bourget. Fait à noter, seuls des mandats de grève générale illimitée ont été adoptés par les membres du SCCC-UQO. À l'opposé, plusieurs syndicats commencent leurs moyens de pression en adoptant une banque de cinq ou de dix journées de grève. L'obtention de mandats de grèves générales illimitées démontre une bonne cohésion du Syndicat. Elle relève aussi d'une stratégie : être en mesure de compromettre la validation d'un trimestre, ce qui entraînerait des coûts considérables à l'UQO et au ministère de l'Éducation du Québec.

La grève de 2004 n'a pas été la seule que l'UQO ait connue. Les employées et employés de soutien ainsi que les professeures et professeurs de l'UQO ont déjà exercé des jours ou des heures de grève. Cependant, le SCCC-UQO est le seul syndicat dans l'histoire de l'UQO à avoir exercé un mandat de grève générale illimitée. De plus, jusqu'au deuxième vote de grève du Syndicat des professeures et professeures (SPUQO) en 2018, le SCCC-UQO était le seul syndicat de l'institution à avoir obtenu des mandats de grève générale illimitée. Ainsi, la création du SCCC-UQO a mis fin à une certaine quiétude qui existait dans cette petite université de région.

Le déclenchement d'une grève est extrêmement stratégique. Il existe essentiellement deux fenêtres d'opportunité pour déclencher une grève afin d'exercer une pression maximale sur l'Employeur : en septembre-octobre ou en janvier-février. Ainsi, avant même le début d'une négociation, les comités de négociation et de mobilisation bâtissent leur calendrier stratégique en fonction de ces dates. Rien n'est laissé au hasard. Lors de la grève de 2004, des journées de grève sporadiques avaient été tenues en février, et la grève générale avait suivi en mars. Si une grève était déclenchée trop tardivement, il existe une menace où le trimestre est susceptible d'être validé sans notes par le ministère de l'Éducation, ce qui inverserait le rapport de forces.

Chose étrange, les trois mandats de grève obtenus par le SCCC-UQO se sont faits dans la sérénité. Aucune opposition organisée contre la grève n'a été perceptible.

> *Je ne me souviens pas dans des Assemblées d'avoir eu des débats ou d'avoir eu à élaborer des stratégies pour contrecarrer des personnes qui étaient contre la grève. On arrivait; on présentait nos arguments; on faisait quelques interventions; ce n'était pas compliqué. On leur disait qu'il fallait se mobiliser pour obtenir ce qu'on voulait. On leur disait : « l'Employeur ne va pas nous donner ce qu'on mérite. On va devoir le gagner[82] ».*

4.1 Le mandat de grève de 2001

Il faudra attendre presque quatre ans après le dépôt de la requête en accréditation pour obtenir une première convention collective. Ce n'est pas un délai anormal dans le contexte de ce type d'écriture. Toutefois, la deuxième négociation allait s'avérer tout aussi difficile. Le Comité de négociation était alors composé de Marie-Josée Bourget, Richard Perron, François Brouard, Louis-Charles Sirois et Carole Julien[83]. Cette négociation a duré deux ans et demi et son thème, lancé le 14 février 2000, était *Mon cœur bat pour les chargées et chargés de cours.*

---

[82] Entretien avec Marc Sarazin.

[83] Julien, Carole, « Nos négociation », *Le Papier*, automne 1999.

Le mandat de grève avait été obtenu autant en fonction de clauses intérieures que de clauses extérieures de l'UQAH. La politique du déficit zéro du gouvernement de Lucien Bouchard avait entraîné des compressions importantes dans les universités[84]. Ainsi, la négociation des clauses salariales allait s'avérer extrêmement difficile. Il faudra un vote de grève afin de faire débloquer plus de deux ans de négociation.

Néanmoins, Trois-Rivières est le véritable lieu d'origine de ce vote de grève. Durant l'année 1996-1997, les personnes chargées de cours de l'UQTR avaient exercé une grève de 40 jours. Pour suspendre le conflit, les parties patronale et syndicale avaient convenu de confier à l'Institut de la statistique du Québec (ISQ) le mandat de comparer le salaire des profs et celui des personnes chargées de cours. En novembre 1999, le résultat de l'étude est tombé. Pour la prestation d'un cours, l'écart salarial moyen était de 71,5 % entre un prof et une personne chargée de cours. Une nouvelle grève allait éclater à Trois-Rivières au trimestre d'hiver 2000, et plusieurs cours du trimestre du printemps 2000 allaient être annulés, ce qui a été perçu comme un lock-out par le syndicat. Le SCCC-UQAH ainsi que tous les syndicats affiliés à la FNEEQ avaient alors appuyé leurs collègues de Trois-Rivières, bien que ce syndicat ait été affilié à la Fédération des travailleuses et travailleurs du Québec (FTQ)[85]. L'Assemblée générale du SCCC-UQAH avait même fait un don de 3 000 $ au SCC-UQTR, somme considérable pour un petit syndicat[86].

Le 24 mars 2000, une coordination intersyndicale avait été créée afin d'unir les personnes chargées de cours de tout le Québec. Ainsi, tous les syndicats affiliés à la FNEEQ, ainsi que les syndicats de l'UQTR (FTQ) et de l'Université de Sherbrooke (CEQ) ont uni leur force pour réclamer des augmentations salariales substantielles. C'est la parité salariale avec les professeures et professeurs qui était réclamée dans les négociations locales.

---

[84] PERRON, Richard, « Second début », *Le papier*, avril 1998.

[85] JULIEN, Carole et Jo Ann LÉVESQUE, « Déterminés à gagner », *Le Papier*, printemps 2000.

[86] Assemblée générale du SCCC-UQAH, 31 janvier 2000.

De plus, cette alliance permettait d'en faire un enjeu national en interpellant le ministre de l'Éducation de l'époque, François Legault[87].

À ce moment, les personnes chargées de cours de l'UQTR étaient déjà en grève et celles de l'UQAM et de l'UQAR avaient voté un mandat de grève. Comme la majorité des syndicats négociaient en même temps, une concertation avait été faite afin de mettre de la pression sur l'ensemble des composantes du réseau[88].

> *« L'injustice est criante au chapitre des salaires, a indiqué Mme Bourget. Les chargés de cours, qui sont des enseignants à temps partiel, donnent plus de 50 % des cours au premier cycle, mais gagnent deux fois moins que les professeurs qui sont à temps plein. Elle cite une étude de l'Institut de la statistique du Québec (ISQ) qui montre que les professeurs sont payés 8 236 $ pour enseigner un cours de trois crédits, alors que les chargés de cours reçoivent 4 803 $. "L'écart moyen démontre un retard de 71,5 % au détriment des chargés de cours", ajoute Mme Bourget[89] ».*

Le mandat de grève a été fort. Ce sont 98 % des membres qui ont voté en faveur d'un mandat de moyens de pression allant jusqu'à la grève générale illimitée[90]. Toutefois, de l'aveu même des acteurs de l'époque, cette grève n'était pas envisagée de manière sérieuse. Le syndicat était encore jeune, et la constitution d'un fonds de grève n'était pas aboutie. De plus, la présidente du SCCC-UQO, Marie-Josée Bourget, habitait la ville de Québec avec le reste de sa famille. La gestion d'une grève aurait été difficile. Bref, le mandat de grève, bien qu'il aurait pu être appliqué en cas de blocage complet de la négociation, relevait plus du bluff que d'une intention réelle.

---

[87] LÉGARÉ, Isabelle, « Les chargés de cours de tout le Québec unissent leurs forces », Trois-Rivières, *Le Nouvelliste*, 25 mars 2000.

[88] RODRIGUE, Isabelle, « Les chargés de cours de l'UQAH envisagent des moyens de pression », Ottawa, *Le Droit*, 30 décembre 2000.

[89] PILON, France, « Les chargés de cours veulent être mieux payés », Ottawa, *LeDroit*, 25 novembre 2000.

[90] CÔTÉ, Marc-André, « Chargés de cours : Retour sur une entente », Montréal, *Le Devoir*, 3 février 2001.

> *Je ne croyais pas qu'on se rendrait à la grève. On avait un peu de sous, mais pas beaucoup. On n'aurait pas tenu longtemps la grève. J'habitais à Québec et j'avais des enfants relativement jeunes. De plus, il y a un trimestre où mon conjoint était en Bosnie. Il fallait que je trouve quelqu'un pour garder mes enfants jour et nuit. Je n'aurais pas pu venir plus que deux jours par semaine à l'UQAH[91].*

Le mandat de grève a eu des effets positifs. Avant ce mandat, l'Employeur avait l'habitude d'annuler des rencontres de négociation. Après l'adoption de son mandat de grève, aucune rencontre n'a été annulée[92].

Le Syndicat des chargées et chargés de cours de l'UQTR, qui n'était pas membre de la FNEEQ-CSN, a été au centre de ce « round » de négociation. Une grève de neuf semaines a pris fin avec un rattrapage salarial de 9 %. François Cyr, vice-président de la FNEEQ, avait dénoncé l'entente de Trois-Rivières notamment parce que le rattrapage salarial n'était pas suffisant à ses yeux[93]. On craignait, à l'époque, que cette entente constitue un modèle dans les autres universités en négociation. La direction de l'UQAH considérait alors que l'accord obtenu à Trois-Rivières était satisfaisant et voulait s'en inspirer dans la négociation à Hull[94].

Une entente de principe est survenue « à la Saint-Jean-Baptiste à 3 h de la nuit[95] ». L'appui inconditionnel de l'Association générale étudiante de l'UQAH a été déterminant dans le conflit. Bernard Campeau, directeur de l'AGE-UQAH, déclarait :

> *À l'UQTR, les étudiants ont commencé leurs moyens de pression aujourd'hui. Ils ont établi un blocus du pavillon administratif, dans le but d'accélérer la*

---

[91] Entretien avec Marie-Josée Bourget.

[92] *Le Papier*, avril 2003.

[93] CÔTÉ, Marc-André, « Chargés de cours : Retour sur une entente », Montréal, *Le Devoir*, 3 février 2001.

[94] LAURIN, Renée, « Le mandat de grève n'émeut pas l'UQAH », Ottawa, *Le Droit*, 10 janvier 2001.

[95] Entretien avec Gérard Gratton.

négociation entre le syndicat et la direction. À Hull, l'AGE prévoit faire de même si le syndicat se donne un mandat de grève. Pour chaque jour de grève, les étudiants perdent une journée de cours pour laquelle ils ont payé[96].

Au final, le Comité de négociation du SCCC-UQAH a obtenu une augmentation de 20 % à compter du 1er janvier 2002, où la rémunération de la charge est passée de 4 800 $ à 5 821 $ par cours. Cette entente a été entérinée par 80 % des membres.

Chose étrange : pendant que la négociation piétinait, les relations de travail au quotidien se déroulaient bien. André-Jean Pelletier avait été directeur de la gestion académique, puis doyen de la gestion académique, jusqu'en 2008. Il a donc été le principal vis-à-vis patronal pendant près de 15 ans. Sous sa direction, les griefs étaient peu nombreux, et les relations de travail au quotidien étaient bonnes. C'était un homme de compromis qui cherchait des solutions. À l'opposé, les trois premières négociations étaient particulièrement houleuses. La négociation des personnes chargées de cours se faisait souvent éclipser par celle des professeures et professeurs. De plus, c'est surtout sur les questions monétaires que les négociations bloquaient.

4.2 La grève de 2003-2004

Une fois la deuxième Convention collective signée, il fallait amorcer la négociation de la troisième. En effet, comme les négociations étaient longues, les dix premières années de l'histoire du syndicat ont été surtout consacrées à la négociation. Toutefois, cette négociation allait être de courte durée, car une grève générale illimitée est venue rapidement et a précipité l'entente de principe. Cette grève est fort probablement le moment le plus fort de la jeune histoire du SCCC-UQO.

Contrairement au mandat de grève de 2001, celui de 2004 avait été planifié dans le but de l'exercer. Avant même le début de la négociation, cette grève était envisagée. Il est révélateur que la une du *Papier* d'avril 2003 titrait : «

---

[96] DÉCOTEAUX, Josée, « Des moyens de pression sont envisagés », Ottawa, *Le Droit*, 30 novembre 2000.

Serons-nous conciliants ou radicaux ? ». Force est de constater que c'est la seconde option qui a été privilégiée.

Cette stratégie a été adoptée davantage pour des enjeux nationaux que locaux. D'abord, une étude de l'Institut de la statistique du Québec démontrait que le salaire d'un professeur, dans l'exercice de l'offre d'un cours, était presque du double de celui d'une personne chargée de cours. Il y avait une volonté de modifier radicalement cette situation. La négociation d'une troisième Convention collective était donc une période de fortes mobilisations des personnes chargées de cours à la grandeur du Québec avec de nombreux mandats de grève dont certains ont été appliqués. De plus, d'autres syndicats avaient fait des grèves précédemment et avaient obtenu des gains importants. Pour que les conditions de travail des personnes chargées de cours ne décrochent pas de celles des autres, la grève devenait inévitable.

De plus, il apparaissait à l'époque que seule une grève était susceptible de forcer Québec à réinjecter de l'argent à l'UQO. En ce sens, le syndicat avait sollicité des rendez-vous avec des députés de la région. Le discours était que les chargées et chargés de cours de l'Outaouais ne devaient pas être moins bien traités qu'ailleurs.

Les demandes syndicales étaient aussi ambitieuses : elles incluaient un rattrapage salarial de près de 35 %. De plus, des actions de visibilité avaient été organisées. Par exemple, le 12 janvier, des militantes et des militants ont distribué des cacahuètes à la communauté universitaire. Ce symbole révélait que les personnes chargées de cours travaillaient pour des *peanuts*[97]. Après quelques mois de négociation, l'Assemblée générale du SCCC-UQO a adopté un mandat de grève générale illimitée le 30 octobre 2003. Il est d'ailleurs remarquable que 100 % des membres présents à l'AG aient voté en faveur du moyen de pression ultime[98].

---

[97] BÉLANGER, Mathieu, « La maladie des "peanuts" atteint les chargés de cours de l'UQO », Ottawa, *LeDroit*, 13 janvier 2004

[98] THÉRIAULT, Charles, « Vote de grève des chargés de cours », Ottawa, *Le Droit*, 1er novembre 2003.

Somme toute, il n'y a pas eu de contestation de la part des membres du syndicat sur l'opportunité de faire une grève. Le mandat de grève était très fort. Toutefois, une fois la grève déclenchée, les membres du Comité exécutif de l'époque percevaient une certaine fatigue. Certains pouvaient exiger un règlement rapide du conflit. Pour d'autres membres, la grève était « le fun » et cette mobilisation a laissé de très beaux souvenirs. Quatre journées de grève isolées ont été tenues avant le déclenchement de la grève générale illimitée le 22 mars 2004[99]. En ce qui concerne la météo, ce printemps 2004 était typiquement québécois, avec une température très changeante. Rosaura Guzman-Clunes, vice-présidente aux communications de l'époque, a résumé dans le journal *Le Papier* avec le titre « Les quatre saisons de la grève ».

La mobilisation a toujours été un défi pour les syndicats de personnes chargées de cours, de surcroît à l'UQO où une vaste majorité était en double emploi. Généralement, il y avait entre 20 et 35 personnes sur les lignes de piquetage. C'est peu quand on pense que plus de 250 personnes étaient en grève et subissaient une perte de salaire. D'ailleurs, seules les personnes qui faisaient du piquetage pouvaient obtenir une indemnité du fonds de grève. Les piquetages étaient plus conséquents tôt le matin et en fin d'après-midi, où les personnes en double emploi étaient plus présentes.

> *J'étais là. Moi, j'ai fait du piquetage chaque jour. Chaque matin, j'allais faire du piquetage avant d'aller travailler au bureau. Mon Employeur me laissait la liberté totale. Je travaillais beaucoup le soir et je cumulais des heures supplémentaires. Et c'est moi qui gérais mon temps supplémentaire[100].*

Au départ, les lignes étaient présentes devant les deux pavillons de Gatineau. Rapidement, une décision a été prise de rapatrier les grévistes du pavillon Lucien-Brault vers le pavillon Alexandre-Taché. Sur le boulevard Alexandre-Taché, la visibilité était plus importante. De plus, la gestion de l'émargement des listes de présence et le ravitaillement en nourriture étaient facilités par ce lieu unique de mobilisation. Enfin, il devenait plus mobilisant

---

[99] SCCC-UQO, « Rencontre de négociation annulée entre l'UQO et ses chargés de cours », Communiqué de presse du 19 mars 2004.

[100] Entretien avecMarc Sarazin.

de faire du piquetage lorsque la ligne était plus garnie. Évidemment, c'est grâce à la loi anti-briseurs de grève que l'abandon d'une ligne de piquetage devant le pavillon Lucien-Brault a pu être décidé. Pendant la durée du conflit, le SCCC-UQO pouvait compter sur l'appui du Conseil central de l'Outaouais (CCSNO). Le CCSNO s'occupait en grande partie de la logistique telle que la nourriture, les pancartes et le système de son. La FNEEQ a aussi nolisé un autobus pour amener des militants d'autres universités afin d'appuyer les grévistes.

Les négociations se sont poursuivies une fois la grève déclenchée. Le manque de disponibilités du conciliateur a toutefois ralenti la résolution du conflit. Par ailleurs, l'UQO souhaitait financer les augmentations de salaire par le retrait des frais de déplacement. En effet, une partie importante des personnes chargées de cours habite la région de Montréal et leurs frais de déplacement sont assumés par l'Employeur[101]. Finalement, cette demande patronale a été retirée, ce qui a pu permettre une entente de principe. Notons qu'en 2017 et en 2018, dans le cadre de la négociation pour une septième Convention collective, l'UQO était revenue avec une demande similaire, demande retirée au dernier moment de la négociation.

Une entente de principe est survenue le samedi 3 avril 2004 à 5 h 45 au matin. Le lendemain, 98 % des membres réunis en Assemblée générale approuvaient l'entente de principe. Dans l'entente négociée, le trimestre n'était pas prolongé et les journées de grève étaient remboursées aux grévistes, en échange de quoi ils acceptaient de récupérer autrement la matière perdue[102]. Bref, cette grève a été couronnée de succès. Les gains ont été spectaculaires!

> *La rémunération qui est passée d'environ 4 500 $ à 6 350 $ au 1er janvier 2005 et nous aurons environ 6 700 $ au 1er juin 2006; l'intégration, de 8 000 $ à 75 000 $; le perfectionnement de 14 charges en 1999 (environ 65*

---

[101] BÉLANGER, Mathieu, « Le syndicat des chargés de cours voit mal comment il pourrait mettre plus d'eau dans son vin », Ottawa, *Le Droit*, 27 mars 2004.

[102] PERRON, Christian, « La grève à l'UQO est terminée », Ottawa, *Le Droit*, 5 avril 2004.

000 $) à 25 charges en 2005 (environ 160 000 $); toutes les participations aux instances institutionnelles et paritaires qui sont maintenant rémunérées[103].

Cependant, la ratification de l'entente de principe n'allait survenir que huit mois plus tard. La négociation devait se poursuivre notamment sur une demande patronale : l'établissement d'échelons salariaux. Cette demande n'a finalement pas abouti car il s'avérait trop compliqué de l'instituer.

Cette grève allait marquer l'histoire du SCCC-UQO, mais aussi de l'UQO. Auparavant, certains ne croyaient pas que le Syndicat pouvait mettre ses menaces à exécution. La grève de 2004 allait modifier durablement le rapport de force. Selon Marc Sarazin, le plus grand acquis de la grève est un changement d'attitude de l'UQO face au SCCC-UQO :

À ce moment-là, on a acquis un respect incroyable. Avant, on ne nous prenait pas au sérieux. Ils nous considéraient comme un petit syndicat comparativement à celui des profs[104].

Allant dans le même sens, Michel Hébert considère qu'en 2017-2018, il y aurait peut-être eu une grève s'il n'y en avait pas eu une en 2004. À partir de ce moment, l'UQO savait que ses chargées et chargés de cours étaient sérieux lorsqu'ils menaçaient de faire une grève.

4.3 Le mandat de grève de 2017-2018

La négociation menant à la septième Convention collective s'annonçait difficile. En effet, l'année qui précédait cette négociation avait été marquée par une explosion des griefs. De plus, en 2016, le Syndicat du personnel de soutien de l'UQO avait déclenché une grève et, en 2018, le Syndicat des professeures et professeurs (SPUQO) allait en déclencher une.

Treize ans après la grève de 2004, le SCCC-UQO allait se chercher un autre mandat de grève générale illimitée. C'est Marie-Josée Bourget qui présidait alors le Syndicat. Rappelons que des quatre négociations dirigées par elle,

---

[103] *Le Papier*, avril 2005.

[104] Entretien avec Marc Sarazin.

trois se sont soldées par un mandat de grève. Cependant, les raisons qui allaient pousser les chargées et chargés de cours à la grève allaient être sensiblement différentes. En 2001 et 2003, c'est la partie syndicale qui était en demande, notamment sur les questions d'ordre salarial. Un rattrapage était réclamé par rapport à la situation des autres personnes chargées de cours du Québec et surtout par rapport au corps professoral. En 2017, le SCCC-UQO était aussi en demande, notamment en matière d'exigences de qualification pour l'enseignement (EQE) et d'évaluation des cours. Cependant, c'est l'UQO qui avait les demandes les plus radicales.

En effet, en plus de rejeter du revers de la main la grande majorité des demandes syndicales, la direction de l'UQO souhaitait briser le Syndicat, notamment en faisant passer les libérations syndicales, c'est-à-dire le salaire des officiers syndicaux, de 22 à 9 charges de cours par année. De plus, l'Employeur souhaitait faire une distinction entre les personnes en simple et en double emploi et d'inclure une discrimination dans le processus d'attribution des cours. Enfin, le Comité de négociation patronal souhaitait inclure une clause régionale, qui allait avantager les personnes résidant dans la région de l'Outaouais au détriment des personnes venant essentiellement de Montréal. Pour ces trois questions, la stratégie patronale avait été de diviser le Syndicat, de miser sur des batailles internes entre les officiers syndicaux et les simples membres; entre les personnes en simple emploi et les personnes en double emploi; entre les Montréalais et les Gatinois.

Les membres du SCCC-UQO ne sont pas tombés dans le piège de la division. Ils ont refusé en bloc les demandes patronales. Ce refus s'est fait en deux temps. D'abord, le 6 mars 2017, une Assemblée générale extraordinaire avait été convoquée afin d'exposer les demandes patronales et d'obtenir des membres une résolution rejetant les demandes patronales et une autre mandatant le Comité exécutif d'exercer des moyens de pression. Une seconde Assemblée générale extraordinaire, tenue le 27 novembre 2017, a accordé un mandat d'intensification des moyens de pression allant jusqu'à la grève générale illimitée.

Ce mandat de grève a été obtenu parce que l'Université refusait de déposer ses demandes monétaires, six mois après que le Syndicat ait déposé les siennes. Il était clair à ce moment que la direction cherchait à gagner du temps, facteur de démobilisation. En adoptant un mandat de grève, le SCCC-UQO forçait l'Université à faire son dépôt.

La bataille a en grande partie été menée dans les médias. En effet, l'UQO était alors en baisse d'effectifs et il était clair que la direction ne souhaitait pas qu'une menace de grève soit publicisée. Ainsi, le SCCC-UQO a diffusé un nombre important de communiqués de presse afin de commenter la stagnation de la négociation et le mandat de grève. *TVA*, *Radio-Canada*, *LeDroit* et *CIME.FM* (Saint-Jérôme) ont couvert de manière très régulière la négociation. Cette médiatisation a probablement permis d'accélérer la négociation et d'éviter la grève.

La mobilisation des membres avait bien fonctionné. Le Comité de mobilisation avait adopté une couleur (rouge ocre), un slogan (ÇA SUFFIT!) et une identité visuelle. De plus, le bédéiste de réputation internationale, Réal Godbout, avait conçu cinq dessins originaux illustrant les revendications et la mobilisation. Des affiches et des tracts avaient été diffusés. D'autres activités avaient été faites, notamment la distribution de chocolat le jour de la Saint-Valentin et la distribution de tracts le jour des *Portes ouvertes* de l'UQO. Cette dernière action avait été couverte par *Radio-Canada*, dont les journalistes étaient présents pour couvrir l'inauguration d'un nouveau programme.

Les membres du SCCC-UQO étaient prêts pour la grève, mais n'ont pas eu à l'exercer. À la suite d'un blitz de négociation encadré par une conciliatrice du ministère du Travail, un accord de principe est survenu le 27 janvier 2018. L'UQO acceptait de retirer toutes ses demandes jugées inacceptables par le Syndicat. L'Employeur acceptait aussi de faire des concessions sur la question des EQE et des évaluations. En contrepartie, le SCCC-UQO acceptait de ratifier une convention collective de cinq ans plutôt que les trois ans habituels. Quatre-vingt-treize pour cent des membres ont donné leur accord à l'entente survenue.

Une pacification des relations de travail est survenue par la suite. Ce sont 42 griefs qui ont été réglés dans les semaines suivant l'adoption de la nouvelle Convention collective. Les chargées et chargés de cours avaient pu démontrer leur détermination et rétablir un rapport de force.

4.4 Les autres mouvements sociaux de l'UQO

L'UQO n'a pas une grande tradition de mouvements sociaux. Rappelons qu'en 2004, le SCCC-UQO a été le premier Syndicat à faire grève et est, encore en 2018, le seul à avoir déclenché une grève générale illimitée. Le corps étudiant, pour sa part, n'est pas le plus revendicatif au Québec. Toutefois, la mobilisation étudiante s'est avérée, à quelques reprises, plus intenses. En 2012, les étudiantes et étudiants de l'UQO ainsi que du cégep de l'Outaouais ont joué les premiers rôles en opposition à l'augmentation radicale des droits de scolarité proposée par le gouvernement Charest.

Le SCCC-UQO a de tout temps appuyé les revendications du mouvement étudiant, que ce soit contre la diminution des prêts et bourses, contre l'augmentation des droits de scolarité ou pour la rémunération des stages. En parallèle, le SCCC-UQO était aussi présent pour appuyer les autres corps de métier lorsque leur négociation piétinait. Ce fut le cas des étudiantes et étudiants salariés, des professeures et professeurs ainsi que du personnel de soutien. Comme il a été mentionné au chapitre 3, une intersyndicale (ISUQO[105]) réunit les représentantes et représentants des cinq syndicats et de l'Assemblée générale étudiante (AGE-UQO) et les réunions se tiennent sur une base plus régulière depuis 2009. L'ISUQO est un lieu privilégié pour transmettre de l'information, adopter des positions communes et planifier des actions communes.

Le soutien aux autres organisations de l'UQO peut prendre plusieurs formes. Souvent, c'est par un appui officiel du Comité exécutif, voire du Conseil syndical ou de l'Assemblée générale, que l'appui sera fait. Lorsqu'il y a manifestation, des membres du Syndicat peuvent venir en appui. Des communiqués de presse peuvent aussi être diffusés pour afficher cet appui. Enfin, le SCCC-UQAH a parfois négocié avec l'Employeur afin de faciliter une mobilisation. Ainsi, en 2001, dans le cadre du Sommet des Amériques, une délégation étudiante de l'UQAH était allée manifester à Québec. À l'époque, le SCCC-UQAH avait obtenu une entente avec l'Université afin qu'aucune évaluation ne soit effectuée à ce moment[106].

---

[105] Le signe n'est apparu qu'en 2016.
[106] GAUDREAULT, Patrice, « Des étudiants de l'UQAH en route pour Québec », Ottawa, *Le Droit*, 20 avril 2001.

Les grèves étudiantes de 2005 et 2012 restent toutefois les moments les plus marquants. L'action syndicale devait se faire sur deux plans. D'abord, il y avait l'appui officiel du Syndicat. Notons toutefois que cet appui n'était pas automatique. Si les mandats de grève accordés en 2001, 2003 et 2017 avaient été obtenus sans véritable contestation, l'appui accordé au mouvement étudiant a toujours été un peu plus difficile à obtenir. Par exemple, l'augmentation des droits de scolarité divisait la société québécoise. Tel a aussi été le cas des membres du SCCC-UQO réunis en Assemblée générale. Des réunions ont parfois été houleuses. Toutefois, la majorité des membres a toujours accordé son appui au mouvement étudiant. Ensuite, le Syndicat doit répondre aux inquiétudes des membres ainsi que leur indiquer leurs droits lorsqu'il y a une ligne de piquetage. La principale question est de s'assurer que le milieu de travail est sécuritaire et, si le cours ne peut être offert, la personne chargée de cours doit être rémunérée.

En 2005, le gouvernement Charest a voulu *couper* 103 millions de dollars dans l'Aide financière aux études. L'AGE-UQO avait alors emboîté le pas à une mobilisation nationale qui allait faire reculer le gouvernement. L'Assemblée générale du SCCC-UQO allait adopter une résolution appuyant les revendications étudiantes.

La grève étudiante de 2012, mieux connue sous le nom de Printemps érable, a été un événement plus marquant. Officiellement, le SCCC-UQO appuyait les étudiants grévistes opposés à l'augmentation des droits de scolarité. *Le Papier* mentionnait, par exemple, que Gérard Gratton et Louis-Charles Sirois, respectivement vice-président à la convention collective et président du SCCC-UQO, avaient participé à une manifestation à Montréal en marge du Regroupement université de la FNEEQ[107]. Gérard Gratton, alors vice-président à la Convention collective, se souvient de la situation : « *Nous, nous étions du côté des étudiants. Nous essayions de leur prêter main-forte s'ils avaient des besoins*[108]. »

---

[107] *Le Papier*, avril 2012.

[108] Entretien avec Gérard Gratton.

Rappelons que ce conflit avait dégénéré, notamment à Gatineau, et qu'il avait été marqué par des injonctions ainsi qu'une loi spéciale. Des manifestations et des occupations de l'UQO avaient été réprimées dans la violence par les forces de l'ordre. Le président du SCCC-UQO, Louis-Charles Sirois, qui est par ailleurs avocat, avait retiré son appui au mouvement étudiant.

> *Il y a les côtés émotif et rationnel. Je comprends leur colère, mais d'un côté rationnel, je ne peux pas encourager un outrage au tribunal. Ne pas respecter une injonction, c'est très sérieux. J'espère que cela n'ira pas plus loin.*

Au chapitre 2, nous avions traité de la crise de croissance du Syndicat. Mentionnons que le mouvement étudiant de 2012 est survenu dans une période de grandes turbulences du SCCC-UQO. Plusieurs « frondeurs », tels que Marc Sarazin et Michel Hébert, pouvaient se trouver davantage à gauche du spectre politique et considéraient que le Syndicat n'en faisait pas suffisamment. Ainsi, la gestion de cette grève fait partie intégrante de la problématique qui a mené à la crise interne qui a culminé au printemps et à l'été 2013. En 2012, Marc Sarazin a probablement été le chargé de cours le plus présent en soutien au mouvement étudiant.

> *Je voulais appuyer le mouvement étudiant. Je m'étais aussi dit qu'il ne fallait pas qu'il y ait de violence de la part des étudiants, notamment pour une question d'image. Je connaissais assez d'étudiants dans le mouvement étudiant et en travail social pour servir de médiateur s'il y a lieu. Je me suis rendu compte assez vite de la maturité des étudiants et de l'immaturité des policiers. Ça a été une expérience plutôt traumatisante. Je me disais que j'allais me placer entre les policiers et les étudiants pour tempérer les choses. Je me disais : « ce n'est pas vrai qu'ils vont matraquer nos étudiants ». (...) Encore aujourd'hui, je me demande pourquoi il n'y a pas eu de morts tellement les affrontements étaient violents[109].*

Marc Sarazin avait aussi dénoncé à l'époque l'inaction du SCCC-UQO, autant par un faible appui démontré aux étudiantes et étudiants mobilisés que par l'inaction en matière de santé et de sécurité au travail.

---

[109] Entretien avec Marc Sarazin.

> *Malheureusement, à l'époque, notre Syndicat aurait dû assumer un leadership. Ils [sic] ne l'ont pas assumé et le Syndicat des profs non plus. Cette faiblesse de leadership a mené vers un autoritarisme de la direction de l'Université. Il n'y avait aucun contre-pouvoir à l'Université. Personne n'était capable d'entrer dans le bureau du recteur pour lui dire : « assez, c'est assez! »*

Image encore plus saisissante : Michel Hébert considérait que le Syndicat avait « les deux doigts dans le nez » pendant le Printemps érable. Marie-Josée Bourget a abondé dans le même sens.

> *Ça, c'est quelque chose que j'ai reproché à mon syndicat. Et j'ai su par la suite que plusieurs membres de l'Exécutif me trouvaient tannante. À chaque fois que j'allais donner mes cours et qu'il y avait un piquetage étudiant, évidemment, je n'allais pas donner mon cours. Toutefois, il n'y avait personne de l'Exécutif sur place. L'Exécutif ne nous donnait pas de consignes claires. Ils ne s'occupaient pas des membres qui étaient touchés par la grève* [110] *.*

---

[110] Entretien avec Marie-Josée Bourget.

CHAPITRE 5 : LA LUTTE POUR L'INTÉGRATION

Historiquement, la profession de chargé de cours s'est développée à une époque marquée à la fois par la massification de l'enseignement supérieur et par une stagnation, voire parfois une réduction, du budget des universités. Dans ce contexte, et surtout avant la syndicalisation de ce corps de métier, l'avantage des universités était de pouvoir engager une main-d'œuvre à bon marché. Pour plusieurs, le faible salaire était compensé par le prestige d'enseigner à l'université.

La syndicalisation et les luttes menées ont changé en partie la donne. Des gains normatifs et salariaux ont été obtenus, tout comme une relative sécurité d'emploi liée à l'ancienneté. Cependant, la reconnaissance de la contribution des personnes chargées de cours allait devenir une bataille tout aussi difficile. Cette reconnaissance peut être à la fois symbolique que matérielle, notamment par la participation à la cogestion de l'Université jusqu'alors monopolisée par le corps professoral.

Depuis 2000, une Journée nationale des personnes chargées de cours existe. À la première édition, le SCCC-UQAH avait organisé une conférence de presse qui avait été couverte par le journal *LeDroit*.

> *« Nous sommes sous-payés et nos conditions sont déplorables », lance Marie-Josée Bourget, présidente des chargés de cours de l'UQAH, lors d'une conférence de presse organisée dans le cadre d'une journée de reconnaissance des*

> *chargés de cours, qui s'est tenue à travers le Réseau des universités du Québec.*
> *L'injustice est criante au chapitre des salaires, a indiqué Mme Bourget. Les*
> *chargés de cours, qui sont des enseignants à temps partiel, donnent plus de 50*
> *% des cours au premier cycle, mais gagnent deux fois moins que les professeurs*
> *qui sont à temps plein[111].*

La recherche et la création, jusqu'alors réservées au corps professoral, seront probablement le prochain enjeu majeur de reconnaissance. Effectivement, depuis plusieurs années, nous assistons à une explosion de la qualification des personnes chargées de cours. Ils sont de plus en plus nombreux à vouloir concilier la charge de cours avec la recherche. Plusieurs se destinaient au professorat, mais la pénurie de postes jumelée à des choix personnels ont pu faire en sorte qu'ils ont fait carrière comme chargés de cours. Reconnaissances symboliques de leur contribution, bourses de recherche et congés pour participer à des colloques ou des conférences sont quelques-unes des revendications actuelles.

5.1 La reconnaissance symbolique

Tout comme pour les conditions de travail, des gains quant à la reconnaissance avaient été faits par d'autres syndicats avant même la création du SCCC-UQAH. En 1995, le jeune Syndicat se présente aux États généraux sur l'éducation. Le SCCC-UQAH y avait même déposé un mémoire sur la place que devaient prendre les personnes chargées de cours dans les universités. Richard Perron, deuxième président du Syndicat, décrivait cette contribution :

> *Quant à la place des chargées et chargés de cours, nous ne pouvions trop insister*
> *sur la nécessité de les intégrer à la communauté universitaire, puisqu'ils*
> *assument environ 50 % des activités d'enseignement au premier cycle. Pour ce*
> *faire, nous devrons nous pencher sur la répartition des tâches entre les*

---

[111] PILON, France, « Les chargés de cours veulent être mieux payés », Ottawa, *LeDroit*, 25 novembre 2000.

> *professeurs et les chargés de cours ainsi qu'une plus grande disponibilité auprès des étudiantes et étudiants[112].*

Progressivement, l'UQO allait reconnaître que les personnes chargées de cours n'étaient pas des individus extérieurs à l'institution, mais faisaient partie des forces vives. D'abord, un prix annuel pour la qualité de l'enseignement d'une personne chargée de cours est attribué chaque année. Sylvain Deschaînes en a été le premier récipiendaire en 2002. Puis, en 2005, pour la première fois, l'UQO a reconnu la contribution de deux chargés de cours pour leurs 25 années de loyaux services. Hubert Lacroix et Yvon Lavallée avaient alors reçu cette distinction. Il va désormais de soi que l'on peut faire carrière dans la charge de cours. Lorsqu'ils ont été reconnus, Hubert Lacroix comptait 33 années d'ancienneté et Yvon Lavallée en comptait 31[113].

Le Prix Jean-Pierre-Latour (1951-2005) est un exemple d'hommage rendu à un membre du syndicat. Chaque année, une étudiante ou un étudiant de l'École multidisciplinaire de l'image (ÉMI) remporte le prix soulignant le développement d'une perspective critique dans le domaine de l'image. Ce prix est remis depuis 2006.

Enfin, cette reconnaissance repose sur un traitement égal des personnes chargées de cours en comparaison aux autres employés de l'Université. Parfois, cette reconnaissance a été faite sans que le Syndicat ne soit intervenu. Par exemple, lorsque l'UQAH s'est connectée à Internet, elle a offert à tout son personnel une adresse de courriel personnel. Aucune discrimination n'avait été faite avec le statut, les chargées et chargés de cours se voyant attribuer une adresse du même format que celle des profs.

D'autres formes de reconnaissance ont pris beaucoup plus de temps à se mettre en place. Il faudra attendre le 22 novembre 2004 pour que les personnes chargées de cours puissent bénéficier du Programme d'aide aux employés.

---

[112] PERRON, Richard, « Sommes-nous partie prenante aux États Généraux », *Le Papier, décembre 1995.*

[113] *Le Papier,* novembre 2005.

5.2 La relation avec les profs

La relation avec les professeures et les professeurs n'est pas simple. La collégialité et la cogestion de l'université leur ont longtemps été réservées. Certaines revendications du SCCC-UQO ont pu parfois être en opposition aux intérêts des professeurs. Par exemple, la participation aux Assemblées départementales peut s'opposer à la volonté des profs de gérer les départements d'une manière traditionnelle. En 2018, seuls deux départements sur onze invitaient systématiquement la représentante ou le représentant du SCCC-UQO aux Assemblées départementales. Cette grande autonomie professorale a toujours été source de tensions.

> *Parfois, je téléphonais au vice-recteur. Il me répondait : « tu sais, Richard, à l'Université du Québec, les profs ont autant de pouvoir que l'administration. Même moi, je ne peux pas leur imposer des choses ». C'est complexe la structure de l'Université du Québec. À l'époque, je trouvais que le Département de relations industrielles n'était pas aussi transparent qu'il ne devait l'être. C'était le pire département. Il y avait des magouilles. Cependant, il y avait des profs qui étaient corrects dans ce département[114].*

De tout temps, les relations du SCCC-UQO ont été bonnes avec certains profs et certains départements. Pour d'autres, les relations ont été plus complexes. Notons également que pour certaines personnes, la charge de cours est une étape vers le professorat. Ainsi, des personnes chargées de cours docteures ou doctorantes ont aussi pu être recrutées par la suite. Caroline Cyr, Isabel Côté et Murielle Laberge ont même siégé au Comité exécutif du SCCC-UQO avant de devenir professeures. Murielle Laberge a d'ailleurs un parcours particulier. Elle a été vice-présidente aux relations de travail du SCCC-UQAH. Ensuite, elle a été recrutée comme professeure à l'UQAH. Elle a été présidente du Syndicat des professeures et professeurs (SPUQO) puis est devenue doyenne de la Gestion académique. Ainsi, elle est devenue la principale vis-à-vis patronale du SCCC-UQO tout en connaissant de l'intérieur la machine syndicale. Le budget de perfectionnement alloué au SCCC-UQO, notamment par les bourses d'étude et le remboursement des frais de participation à des colloques, a

---

[114] Entrevue avec Richard Perron.

permis à des personnes chargées de cours de terminer un doctorat et d'augmenter le volume de leurs publications. Certaines personnes ont pu accéder au corps professoral notamment grâce aux ressources allouées aux personnes chargées de cours.

Comme il a déjà été mentionné, Renaud Paquet, après avoir participé à la création du SCCC-UQAH, est devenu, la même année, professeur dans la même université. Il avait aussi été membre du Comité exécutif du Syndicat des professeures et professeurs de l'UQO. Fait inusité : après avoir quitté l'UQO pour la Commission des relations de travail dans la fonction publique, il était revenu donner un cours à l'UQO sous la clause réserve. Soulevant une irrégularité, le SCCC-UQO avait déposé un grief.

> *J'avais trouvé ça cocasse. Je reviens dans le système puis, tabarnouche, je me suis fait grieffer ma charge de cours. J'étais alors professeur associé. Mais, j'avais trouvé ça drôle. Mais j'ai toujours gardé de bons contacts avec le Syndicat[115].*

Avant la campagne de syndicalisation, plusieurs considéraient comme injuste le fait que certains profs puissent faire un nombre important de cours en appoint, c'est-à-dire des cours au-delà de leur charge normale de cours contre rémunération supplémentaire. Cette problématique est restée au centre des préoccupations du jeune Syndicat. En avril 1999, Richard Perron, président du SCCC-UQAH, s'insurgeait contre les professeures et professeurs réguliers qui s'accaparaient près d'une quarantaine de cours en appoint. Certains profs pouvaient offrir plus d'une dizaine de cours par année, tandis que leur charge normale était de quatre. Cette situation, en plus de priver certaines personnes chargées de cours de travail, était injuste, car les profs qui prenaient des cours en appoint étaient mieux rémunérés que ceux qui consacraient leur temps à la recherche. « Nous savons depuis un certain temps qu'un petit nombre de professeurs ne se gênaient pas pour plonger de plus en plus souvent la main dans le pot à biscuits des cours en appoint[116] », écrivait-il avec Nicolas Claveau, représentant étudiant au Conseil d'administration de l'UQAH.

---

[115] Entretien avec Renaud Paquet.

[116] CLAVEAU, Nicolas et Richard Perron, « Les cours en appoint : une façon ingénieuse de subventionner la recherche ou une façon insidieuse d'augmenter son salaire », *Le Papier*, avril 1999.

> *Il y a certains modules et départements dont les membres ne se soucient pas de nos opinions ni de nos conditions de travail et pour qui parfois nous sommes même des intrus. Je compte bien que cette situation change. Ces personnes doivent comprendre que nous sommes part entière de l'Université, que nous pouvons assister à toutes les réunions, que nos horaires et disponibilités doivent être pris en considération et surtout, que nos opinions sur l'enseignement sont tout aussi importantes que celles des professeures et professeurs[117].*

Comme il a déjà été mentionné, en 2008, en marge de la négociation d'une quatrième Convention collective, une lettre d'entente conjointe a été signée conjointement par le SCCC-UQO et le SPUQO. Cette première, sous la présidence de Marc Aubé, concernait la taille des groupes[118]. Ainsi, les personnes professeures et chargées de cours pouvaient avoir un intérêt à négocier de concert sur des dossiers où leurs intérêts convergeaient. Un comité a alors été mis en place, qui incluait deux profs et deux personnes chargées de cours, afin de réduire la taille des groupes. L'objectif était d'atteindre une moyenne de 35 étudiantes et étudiants par cours. De plus, la quatrième Convention collective du SCCC-UQO avait amené l'une des meilleures clauses au Québec concernant les compensations des grands groupes : par exemple, si un groupe comptait plus de 131 étudiantes ou étudiants, la personne chargée de cours recevait le double de son salaire.

En 2014, le SPUQO allait adhérer à la CSN. Sous la présidence de Louise Briand, ce syndicat allait objectivement se rapprocher, d'un point de vue politique, des visées du SPUQO. Cependant, des divergences d'opinions perdurent, notamment sur la gestion de l'université ainsi que sur la conception de la collégialité. D'ailleurs, ce syndicat a préféré s'affilier à la Fédération des professionèles [sic], rejoignant ainsi le Syndicat des professeures et professeurs de l'UQAM, plutôt qu'à la FNEEQ. Bref, il existe toujours une certaine distance entre ces deux corps d'emplois, bien que les relations se soient beaucoup améliorées.

---

[117] BOURGET, Marie-Josée, « Une nouvelle brise », *Le Papier*, automne 1999.

[118] AUBÉ, Marc, « Mon dernier tour de piste… est passé », *Le Papier*, été 2008.

5.3 La cogestion de l'Université

La cogestion fait partie de l'ADN de l'université. De plus, la loi encadrant le Réseau de l'Université du Québec encadre finement cette cogestion. Encore aujourd'hui, les profs possèdent un poids bien plus important que les chargées et chargés de cours, bien que ces derniers offrent davantage de cours. Notons toutefois qu'il y a eu des gains importants. Par exemple la nomination d'une personne chargée de cours au sein du Conseil d'administration (CA). Ce CA est régi par la Loi sur l'Université du Québec. C'est en 1990, trois ans avant l'obtention de l'accréditation du SCCC-UQAH, que cette avancée majeure a été obtenue. Dans le même sens, le régime de retraite des personnes chargées de cours de l'Université du Québec avait été créé en 1991 et les membres du SCCC-UQAH ont pu bénéficier des luttes des autres syndicats. La Commission des études est une autre instance où les personnes chargées de cours sont représentées. Dès l'adoption de la première Convention collective, un siège était octroyé aux personnes chargées de cours. En 1998, un second siège leur a été accordé[119].

Il est à noter que toutes les représentantes et tous les représentants des personnes chargées de cours sont désignés par les instances syndicales. Ce n'est pas le cas de tous les corps d'emplois de l'UQO. D'ailleurs, lors de la négociation du SPUQO entre 2015 et 2018, le droit de désigner ses représentantes et représentants était une de ses principales revendications. Le SPUQO prenait comme modèle la manière de faire du SCCC-UQO. Malheureusement, il n'a pas obtenu gain de cause dans le règlement.

La quatrième Convention collective a par ailleurs amené une nouvelle pratique : le Comité de sélection. Ainsi, à partir de 2009, l'embauche d'une nouvelle personne chargée de cours n'était plus laissée à la seule discrétion de la direction de département. Lorsqu'un cours ne peut pas être donné à une personne chargée de cours déjà à l'emploi de l'UQO, le département doit solliciter les candidatures de l'extérieur. Un comité de trois personnes (la directrice ou le directeur du département, une professeure ou un

---

[119] MARTIN GODBOUT, Johannes, « En direct de la commission des études », *Le Papier*, avril 1998.

professeur spécialiste ainsi qu'une chargée ou un chargé de cours) doit auditionner les candidates et candidats, et les classer.

Des luttes restent toutefois à mener. Comme il a été mentionné, la majorité des départements n'invitent toujours pas la représentante ou le représentant du SCCC-UQO. Une revendication est de rendre obligatoire la présence obligatoire d'une chargée ou d'un chargé de cours pendant les Assemblées départementales. C'est moins l'UQO que certains départements qui résistent le plus à cette demande.

Parallèlement, lors de l'accord de principe de la Septième convention collective obtenue en 2018, une lettre d'entente signale l'intention du SCCC-UQO d'ouvrir la Loi sur l'Université du Québec afin d'accorder un second siège aux personnes chargées de cours au Conseil d'administration. De plus, la FNEEQ réclame que les personnes chargées de cours obtiennent une représentation au sein des instances du Réseau de l'Université du Québec.

5.4 Fonds d'intégration

Le fonds d'intégration n'est pas une création locale. Elle était présente dans toutes les conventions collectives de personnes chargées de cours du Québec. Encore une fois, le jeune Syndicat a profité des luttes menées par les autres syndicats de la FNEEQ. À la création du fonds, c'est Gilles Pelletier qui a représenté le SCCC-UQAH à ce comité. Il avait l'expérience en la matière, car il avait également été chargé de cours à l'UQAM. Le fonds était de 8 000 $ à la première Convention collective et est passé à 50 000$ à la deuxième. Il sert à permettre aux personnes chargées de cours de monter des projets pédagogiques en impliquant davantage les personnes chargées de cours dans l'Université.

Autre élément incontournable lié au fonds d'intégration, la formation collective « Tout ce qu'une personne chargée de cours devrait savoir » est la porte d'entrée du Syndicat pour plusieurs nouveaux membres. C'est Gérard Gratton, qui était alors vice-président à la convention collective, qui a créé cette formation. Elle répondait à un besoin des personnes chargées de cours de comprendre la convention collective ainsi qu'à s'approprier les programmes d'intégration et de perfectionnement. De plus, le fonctionnement du syndicat était expliqué ainsi que des services offerts. Selon Gérard Gratton, l'UQO a accepté sans problème d'offrir la formation. Au départ, Gérard Gratton la donnait seul. Par la suite, cette formation a été offerte conjointement par un représentant du Syndicat et un représentant du Décanat de la gestion académique. Côté patronal, Daisy St-Pierre puis Yann Bonenfant-Thomas ont donné la formation.

> *Nous parlions le même langage. La présence d'un représentant syndical et d'une représentante de l'UQO donnait confiance aux gens. On travaillait ensemble, on se faisait confiance et on donnait la même information. Ça impressionnait les gens et on avait du plaisir à le faire[120].*

Caroline Gagnon, agente de griefs, a ensuite pris le relais pour donner cette formation. Elle est également la coordinatrice du Comité de sélection qui vise à recruter de nouvelles personnes chargées de cours. Bref, Caroline Gagnon est aujourd'hui la porte d'entrée du Syndicat pour plusieurs membres.

---

[120] Entretien avec Gérard Gratton.

CONCLUSION

L'écriture de cet ouvrage s'est faite pendant une période syndicale où il y avait peu de turbulences. C'est d'ailleurs dans cette atmosphère pacifiée qu'un tel exercice a été rendu possible. La crise de 2013 était assez proche pour qu'elle reste dans les mémoires, mais assez loin pour pouvoir aborder la question sans embûches. En 2018, il n'existait pas véritablement de clans, ce qui facilitait également les entrevues.

Les perspectives d'avenir du SCCC-UQO sont bonnes, avec une participation relativement bonne aux différentes instances et une absence de groupes antagonistes. Toutefois, cette santé est toujours fragile, et les officiers syndicaux doivent être prudents pour ne jamais se déconnecter de leur base. Le Syndicat doit multiplier ses efforts afin de maintenir et d'accroître la participation, autant dans des lieux formels que des lieux fraternels. D'autres défis doivent être relevés, notamment la consolidation du campus de Saint-Jérôme. Il est probable qu'un jour, à la suite de la construction d'autres pavillons, le campus des Laurentides devienne plus important que celui de l'Outaouais. Le SCCC-UQO doit s'assurer d'exercer une même représentation et offrir les mêmes services dans les deux régions. Tel est aussi le défi de l'Université du Québec à Rimouski, qui compte plus de membres à son campus de Lévis que celui dans la région du Bas-Saint-Laurent.

À l'heure où certains membres, notamment des membres fondateurs, atteignent l'âge de la retraite, la relève pose un défi particulier. La conciliation travail-famille-syndicalisme est incontournable pour attirer de jeunes personnes chargées de cour.

Nicolas Harvey

9 781719 800747